从零开始学

U0366490

从零开始学房地产投资
(白金版)

周　峰　编著

清华大学出版社
北　京

内容简介

本书是一本讲解房地产投资从入门到精通的图书。本书首先讲解房地产投资的基础知识，如房地产投资的定义、分类、特点、风险、优势，通货膨胀和调控政策下的房地产投资技巧、房地产投资的技巧；接着讲解不同类型房地产的投资方法与技巧，如商品房、商铺、写字楼、学区房、地铁房、异地置业的投资方法与技巧；然后讲解房地产交易技巧，即贷款、验房、收房、物业的方法与技巧；最后讲解房地产投资的策略，即在哪里投资房地产最赚钱、何时投资房地产最赚钱、投资买卖房的技巧、以租养房的技巧。

在讲解过程中既考虑读者的学习习惯，又通过具体实例剖析房产实际投资过程中的热点问题、关键问题及种种难题。

本书不仅适用于广大房地产投资者，也适用于买房自住者，还对房地产相关从业人员及相关专业人员有相当大的帮助。

图书在版编目(CIP)数据

从零开始学房地产投资(白金版)/周峰编著. —北京：清华大学出版社，2017(2021.4重印)
(从零开始学)
ISBN 978-7-302-47218-6

Ⅰ．①从…　Ⅱ．①周…　Ⅲ．①房地产投资—基本知识　Ⅳ．①F293.35

中国版本图书馆 CIP 数据核字(2017)第 125759 号

责任编辑：李玉萍
封面设计：郑国强
责任校对：吴春华
责任印制：宋　林
出版发行：清华大学出版社
　　　　　网　　　址：http://www.tup.com.cn, http://www.wqbook.com
　　　　　地　　　址：北京清华大学学研大厦 A 座　　邮　　编：100084
　　　　　社 总 机：010-62770175　　　　　邮　　购：010-62786544
　　　　　投稿与读者服务：010-62776969, c-service@tup.tsinghua.edu.cn
　　　　　质量反馈：010-62772015, zhiliang@tup.tsinghua.edu.cn
印 装 者：三河市科茂嘉荣印务有限公司
经　　销：全国新华书店
开　　本：170mm×240mm　　　印　　张：14　　　字　　数：282 千字
版　　次：2017 年 7 月第 1 版　　　　　　印　　次：2021 年 4 月第 6 次印刷
定　　价：39.00 元

产品编号：073547-01

前　　言

房地产一直是老百姓关注的焦点，不仅是因为房地产昂贵，更是因为房地产是每个人安身立命之所在。

许多人工作了一辈子，面对房地产，既期待又怕受伤害。期待房地产能让我们有一个温馨幸福的家，给我们提供适宜的生活环境、身份地位的肯定、财富利润的获得；但又买不到好房子，花大价钱买的房子漏水严重、邻居杂乱、交通不便；最怕房价买到高点，不但不能使资产保值升值，反而欠下一大笔债务。

该如何购房安家呢？该如何投资房地产呢？商品房、商铺、写字楼、学区房、地铁房、异地置业的投资方法与技巧又是什么呢？在哪里买房、何时买房最赚钱？以租养房及投资买卖房的技巧又是什么呢？这些问题在本书中都有全面的实例分析，相信你读完本书就能找到更佳、更优的房地产投资策略。

本书特点

特　点	特点说明
13 章实战精讲	本书体系完善，由浅入深地对房地产投资进行了 13 章专题精讲，其内容涵盖了房地产基础知识、判断房价是否有泡沫的方法、通货膨胀下如何投资房地产、调控政策下如何投资房地产、房地产投资的信息识别技巧、商品房投资的技巧、商铺投资的技巧、写字楼投资的技巧、学区房投资的技巧、地铁房投资的技巧、异地置业投资的技巧、购房贷款的技巧、验房收房的技巧、装修物业的技巧、在哪里投资房地产最赚钱、何时才是房地产投资的好时机、投资买卖房的方法与技巧、以租养房的方法与技巧等
118 个实战技巧	本书结合房地产交易实战，讲解了 118 个交易技巧，其内容涵盖了正确识别房地产广告的技巧、正确识别假热销的技巧、正确识别口头承诺的技巧、期房买卖的技巧、正确识别"概念房"的技巧、抵押房投资的技巧、商品房投资的技巧、商铺投资的技巧、写字楼投资的技巧、学区房投资的技巧、地铁房投资的技巧、异地置业投资的技巧、贷款的技巧、验房收房的技巧、装修物业的技巧、投资房地产利用城市变迁规律的方法、判断什么样的城市房地产具有投资价值、楼市淡季购房是不错的时机、开盘买房是良机、利用指标判断买房是否好时机、利用房价转折点来买房、尾房淘金的技巧、投资买卖房的方法与技巧、以租养房的方法与技巧等

特　点	特点说明
100 多个实战案例	本书结合理论知识，在其讲解的过程中，列举了 100 多个案例进行分析讲解，让广大投资者在学习理论知识的同时，能更准确地理解其意义和实际应用
80 多个技能提示	本书结合房地产投资实战中遇到的热点问题、关键问题及种种难题，以技能提示的方式奉送给投资者，其中包括房地产交易的特点、交易技巧、风险控制等

本书结构

章节介绍	内容体系	作　用
第 1～2 章	首先讲解房地产投资的基础知识，如房地产投资的定义、分类、特点、风险；然后讲解房地产投资是一种习惯，以及判断房地产投资是否有泡沫的方法与技巧；接着讲解通货膨胀和调控政策下的房地产投资技巧；最后讲解房地产投资的优势、物权法为房地产投资提供了保障、房地产投资的信息识别技巧	从整体上去认识什么是房地产投资、房地产投资的特点及房地产信息识别技巧，为后面章节的学习打下良好的基础
第 3～6 章	讲解不同类型房地产的投资方法与技巧，如商品房、商铺、写字楼、学区房、地铁房、异地置业的投资方法与技巧	通过学习不同类型房地产的投资方法和技巧，为未来房地产投资赚钱做准备
第 7～9 章	讲解房地产交易技巧，即贷款、验房、收房、装修、物业的方法与技巧	通过学习房地产交易技巧，为自己成功买房、贷款、验房、收房、装修、物业做准备
第 10～13 章	讲解房地产投资的策略，即在哪里投资房地产最赚钱、何时投资房地产最赚钱、投资买卖房的技巧、以租养房的技巧	提升房地产投资者的实际投资水平，从而成为房地产市场中的赢家

本书适合的读者

本书不仅适用于广大房地产投资者，更适用于买房自住者，还对房地产相关从业人员及相关专业人员能有相当大的帮助。

创作团队

本书由周峰编著，以下人员对本书的编写提出过宝贵意见并参与了部分编写工作，他们是刘志隆、王冲冲、吕雷、王高缓、梁雷超、张志伟、周飞、纪欣欣、葛钰秀、张亮、周科峰、王英茏、陈税杰等。

由于时间仓促，加之水平有限，书中的缺点和不足之处在所难免，敬请读者批评指正。

编　者

目　　录

第 1 章

房地产投资快速入门

　　中国人有种传统的观念：有房有地，就是财富和身份的象征。为了子孙后代着想，为了子孙后代丰衣足食，父母一般会投资房地产。特别是随着中国经济的发展、土地供应的不断减少、人民币的不断贬值，房地产投资已成为人们投资的首选。

　　本章首先讲解房地产投资的基础知识，如房地产投资的定义、分类、特点、风险；然后讲解房地产投资是一种习惯及判断房地产投资是否有泡沫的方法与技巧；接着讲解通货膨胀和调控政策下的房地产投资技巧；最后讲解房地产投资的优势和物权法为房地产投资提供了保障。

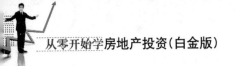

1.1 初识房地产投资

最近几年，中国的房地产投资可谓风风火火，即楼房越盖越高、楼盘越卖越贵。房市的火爆和房产投资的财富效应，引发了全民的购房、置业热情。

1.1.1 什么是房地产投资

近年来，房地产投资已成为中国百万富翁、千万富翁的"批发部"，那么到底什么是房地产投资呢？下面来进行具体讲解。

1) 房地产

房地产是指土地、建筑物及其他地上定着物，是实物、权益、区位三者的结合体。

> **提醒** 在房地产估价中一般将建筑物作广义理解，其定义为：人工建造的供人们进行生产、生活等活动的房屋或场所，包括房屋和构筑物两大类。构筑物是指人们一般不直接在里面进行生产和生活活动的建筑物，如烟囱、水塔、水井、道路、桥梁、隧道、水坝等。狭义的建筑物主要是指房屋，不包括构筑物。

房地产，如图 1.1 所示。

图 1.1 房地产

2)　投资

投资是人们日常生活中常用的名词，是指个人或企业以获得未来收益为目的，投入一定的货币或实物用以开发经营某项事业的行为。

投资的形式很多，如 1 储蓄投资、期货投资、黄金投资、房地产投资、股票投资、商业投资、工业投资等。

3)　房地产投资

房地产投资是指投资者将资本投入到房地产行业，以期在将来获取预期收益的一种经济活动。房地产投资是地产投资和房产投资的总称，其中地产投资是第一位的，而房产投资是第二位的。

1.1.2　房地产投资的分类

房地产投资可以按照不同的标准来分类，不同的类型既相互联系又有一定的区别。房地产投资除了与一般投资行为一样划分为直接投资和间接投资、短期投资和长期投资、金融投资和实物投资外，还可以根据以下标准来分类。

1. 按投资主体划分

按投资主体来分，房地产投资可分为政府投资、非营利机构投资、企业投资和个人投资。

政府投资和非营利机构投资比较重视房地产投资的社会效益和环境生态效益，如低碳排放住宅示范项目投资、廉租住房投资等。

企业投资和个人投资则比较重视经济效益，如商品住房投资、写字楼投资等。

2. 按经济活动类型划分

按经济活动类型来分，房地产投资可分为从事土地开发活动的土地开发投资、从事各类房屋开发活动的房地产开发投资和从事各类房地产出租经营活动的房地产经营投资。

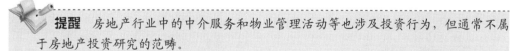

提醒　房地产行业中的中介服务和物业管理活动等也涉及投资行为，但通常不属于房地产投资研究的范畴。

3. 按物业类型划分

按物业类型来分，房地产投资可分为居住物业投资、经营性物业投资、酒店与休闲娱乐设施投资、工业物业投资和特殊物业投资。

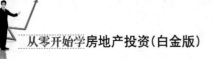

1) 居住物业投资

居住物业是指供人们生活居住的房地产，包括公共住房和商品住房。公共住房又可细分为面向低收入家庭出租的廉租住房、面向低收入家庭出售的经济适用住房以及面向中等收入家庭出售/出租的限价商品住房和经济租赁住房等多种类型。商品住房又可细分为普通住宅、高档住宅、公寓和别墅等。

2) 经营性物业投资

经营性物业又称商用物业、收益性物业或投资性物业，是指能出租经营且为投资者带来经常性现金流收入的房地产，包括写字楼、零售商业用房(店铺、超市、购物中心等)和出租公寓等。

3) 酒店和休闲娱乐设施投资

酒店和休闲娱乐设施是为老百姓的商务或公务出行、会议、旅游、休闲、康体娱乐活动提供入住空间的建筑，包括酒店、康体中心、休闲度假中心等。

严格地说，这类物业投资也属于经营性物业投资，但因其在经营管理服务活动上的特殊性，又使得其成为一种独立的物业投资类型。

对酒店和休闲娱乐设施而言，其开发投资活动和经营管理活动的关联更加密切。以酒店为例，在其初期的选址和规划设计阶段，负责未来运营管理的酒店管理公司就会成为开发队伍的重要成员。

4) 工业物业投资

工业物业是指为人类生产活动提供空间的房地产，包括工业厂房、高新技术产业用房、仓储用房、研究与发展用房(又称工业写字楼)等。

工业物业投资既有开发—出售市场，也有开发—持有出租市场。用于出租经营的工业物业常常出现在工业开发区、工业园区、科技园区和高新技术产业园区。

5) 特殊物业投资

特殊物业是指物业空间内的经营活动需要得到政府特殊许可的房地产，包括飞机场、车站、汽车加油站、高速公路、码头、桥梁、隧道等。特殊物业的市场交易很少，这类物业投资多属长期投资，投资者靠日常经营活动的收益来回收投资，赚取投资收益。

1.1.3　房地产投资的特点

房地产投资的特点主要有三点，分别是投资成本高、投资收益好、投资回收期长，如图 1.2 所示。

1. 投资成本高

房地产行业是一个高度资金密集型行业，成本高，即投资一宗房地产少则百万元，多则上千万甚至上亿元，这是由房地产本身特性和房地产经营过程所决定的，具体原因为三项，下面来进行详细讲解。

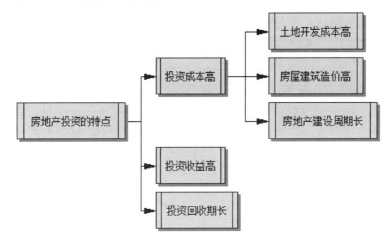

图 1.2 房地产投资的特点

1) 土地开发成本高

投资者都知道，土地是稀缺资源，是有限的，即其供给弹性趋于零。但人类对土地的需求在不断地增长，这使房地产的土地价格不断上升；另外，房地产市场中的价格竞争，例如土地的拍卖、招标，也会大幅度地抬高市场价格，从而造成房地产投资的成本加大。

2) 房屋建筑造价高

建设房屋需要投入大量的资金和材料(钢筋、水泥、木材等)，还需要大批工程技术人员和施工管理人员，并且现在人工成本在上涨，建设房屋的材料价格也在上涨，造成房屋建筑的成本越来越高。

3) 房地产建设周期长

由于房地产建设周期长，从而使占有大量资金的房地产投资需要支付巨额的银行利息，也增加了房屋建筑的成本。

2. 投资收益高

任何投资都有风险，但对于房地产投资来说，由于土地具有稀缺性、不可替代性，从而使房地产具有保值和增值的优点。正是因为房地产投资这种高的预期收益潜力，吸引着众多的投资者参与其中，乐而忘返，从而也促进了房地产行业的蓬勃

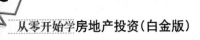

发展。

3. 投资回收期长

房地产投资不仅仅是一个简单的购买过程，还受到土地投资市场、综合开发市场、建筑施工市场、房地产市场的制约。一旦资金投入，就要经过这几个市场的一次完整流通才能获得利润。一般情况下，开发一宗房地产，从选持地块到贷款、筹资、规划设计、兴建完工，直到出售或出租需要3～8年时间。

1.1.4　房地产投资的风险

由于房地产投资占用资金量大，并且周转时间长，随着时间的推移，其投资的风险因素也将不断增多。一旦投资失败，大量资金就不能按期收回，个人或企业就会陷入资金窘迫之中，甚至由于债息负担沉重，入不敷出，造成负债开发，从而严重影响项目建成和最终收益。房地产投资的风险共有五项，如图1.3所示。

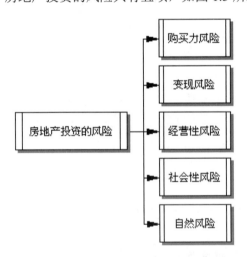

图 1.3　房地产投资的风险

1. 购买力风险

如果宏观经济出现滑坡，甚至出现经济萧条，而通货膨胀又在持续上升，就会直接影响到人们对房地产的购买能力，造成建成的房屋销售不出去，从而导致投资者经济上的损失。

2. 变现风险

投资者应该明白，房地产不像一般商品那样可以轻易脱手，也不像股票、债券等证券那样可以分割买卖，随时交易，并且短时间内即可兑现。所以房地产交易不可能在短时间内完成，因此其资金很难在短期内变现，只能等待合适的时机，在房地产市场形势较好的情况下才能使投资变现。

 提醒　变现风险是指投资者无法以正常的市场价格，将投资物品(房地产)兑换成现金。

3. 经营性风险

房地产经营风险主要是由于房地产市场的特点、开发经营条件的变化以及投资者的决策行为和水平、经营者的经营管理才能和水平等所致。针对这些问题，房地产投资者应加强对这一复杂而特殊市场的调查和研究，重视房地产市场信息的掌握，熟悉业务，并提高投资决策及经营管理水平，以减少经营性风险。

4. 社会性风险

房地产市场形势的好坏和投资效果如何均与社会政治、经济发展的趋势息息相关。房地产投资者应以长远的目光审视房地产市场，在认清大局的情况下，深入学习房地产的有关政策、法规和市场知识，以增强房地产投资的社会性风险意识。

5. 自然风险

自然风险是不可抗拒的，如地震、火灾、洪涝，还要注意土地退化和环境污染，它们都可以使房地产贬值，使投资者遭受惨重损失。

1.2　房地产投资是一种习惯

20 世纪美国最受民众爱戴的总统罗斯福曾经说过："房地产既不会无缘无故地突然消失，也不会被偷走，如果管理得当，房地产是世界上最安全最稳妥的投资。"

1.2.1　房子是一个必需品

对于普通老百姓来言，可以不买汽车，可以不去旅游，也可以不吃山珍海味，还可以不穿高档名牌衣服，但必须要有房子住。一个人没有房子，就没有家，没有家就会感觉无依无靠，所以对于每一个普通老百姓来说，不管到什么时候，都需要一套房子、一个家。

1.2.2　资产增值的通道

对于任何一个国家来说，尽管人口在不断地增加，但想改变土地与土地供给的总量是不可能的，即土地是稀缺资源，并且是有限的。

随着中国经济的快速发展，一方面，由于城市化水平快速提升，大量农民工涌入全国大中型城市；另一方面，由于城镇开发用地不断减少，可供开发的土地越来越少，这就意味着房地产需求增长的速度将永远大于土地和房屋的供给速度，因此房价从长远来看还是会不断升值的。

房地产投资高手，常常会在需求量最低的时候买进房产，而当市场出现供不应求且市场达到高位时再选择抛售，这样就可以通过经济增长和通货膨胀的起伏获得丰厚的投资回报。

从长期来看，几乎所有的房地产投资者，都将可能实现房地产资产升值，这一点已经从过去几年我国大部分地区房价上升的趋势中得到充分的验证。无论通过转让房地产还是出租房地产，大多数投资者都获得了几倍的利润。

1.2.3　抵御通货膨胀

通货膨胀是物价上涨而相应的居民购买力下降的现象。虽然老百姓投资的对象大多数为定期存款、债券、股票等，但是长期以来的事实证明，一个国家或地区面临高通货膨胀时，房地产投资是最有效且抵御能力最强的投资方式，即房地产投资是对抗通货膨胀的制胜武器。

最近几年，中国的经济飞速发展，但通货膨胀率也相当高，例如 2014 年，CPI 整体上涨了 3%，这表明中国已进入通货膨胀时代。按照当时银行利率标准，一年期的存款年利率为 3.9%，扣除 20%的利息税，那么税后年利率为 3.12%，与 CPI 的 5% 相比，实际利率为-1.88%。如果一个人存了 20 万元一年定期存款，那么一年后 20 万元资产没有升值反而贬值了，贬值了 200000 元×1.88% ＝ 3760 元。

显然，面对通货膨胀的压力，将钱存在银行是不明智的，那么如何打理手中的余钱呢？事实证明，以实物形式存在的房地产是最好的选择，因为通货膨胀时期，房产的价值也会相应地升高，这样就可以避免家庭资产的贬值。

> **提醒**　从海内外实战投资经验来看，全球房地产价格的增长一定是高出通货膨胀率的增长的。

1.2.4　高额的投资回报

房地产投资已被证明是最受欢迎的投资形式之一，这是不争的事实。房地产投资所产生的资金增值和房租收入所形成的财富效应，在过去十多年的经济周期循环中已经得到了验证。房地产投资是许多老百姓致富和获取财务自由的有力手段和可靠保障。当然，任何投资都有风险，但房地产投资的风险远小于股票和期货，却能获得高于股票和期货的投资收益。

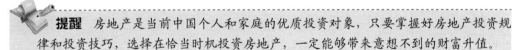

提醒　短期内，股票或期货的回报可能高于房地产，但是瞬息万变的股票市场和期货市场能让你一分钟从富翁变赤贫，而"一铺养三代"的房地产投资是普通且长期存在的。

总之，房地产作为有形的、稀缺的、不可再生的、有使用价值的生活必需品，在投资领域有其独特的位置，就是不为投资赢利，老百姓也要买房自住，也可以把还房贷当作一种变相攒钱，房子多了可以住，也可以租。

另外，房子住上几年还是很值钱的，增值是相当正常的事。现在很多城市只要买房就可以落户，如果房子拆迁了可以换到更好的房子。

但投资房地产的朋友一定要注意，投资房地产切记不是"炒房"，不能拿房子当股票或期货，不能有抓住机会就投入资金，并希望在短期内获得巨大收益的想法。老百姓选择投资房地产，是希望个人资产的保值、增值和良性运转，如果想获得短期收益，应该去玩期货或股票。

提醒　房地产是当前中国个人和家庭的优质投资对象，只要掌握好房地产投资规律和投资技巧，选择在恰当时机投资房地产，一定能够带来意想不到的财富升值。

1.2.5　投资房地产比投资股票安全

房子是实实在在的看得见摸得着的东西，买到手里后，如果不能及时卖出，还可以自己住，或出租赚钱。所以投资房产从投资收益角度看，要比投资股票安全。

例如，我们拿出 100 万元买一套刚开盘的房子。由于当前通货膨胀，所有东西都在涨，房价一般也会涨，一年后，我们获得 120 万元的收益是比较正常的。买房子的回报率、稳定性和可靠性要比投资股票强得多。

另外，房子是一个长期投资理财品种，其价格的走势是可以预期的。相比来说，股票的价格就不好预测了，今天涨了，明天跌了，再过几天是什么情况没有人能看得清楚。可是房价一般稳定在某个阶段以后，就不会下降。对于投资房产的投资者来说，房子可以有 20 年的投资期。也就是说，我们可以有 20 年的时间来运作这个房子。如果 20 年之后，该房子还是卖不出去，那么就砸在手里了。但是从中国的实际情况来看，未来城市人口将是不断增加的，可能会达到 8 亿。按三口之家来算，大约是 2.3 亿家庭。这样算下来，就会有 260 亿平方米的房屋需求量，到那个时候，由于对房子需求而产生的价值将远远超于股票。

1.3　房地产投资判断是否有泡沫的方法与技巧

房地产属于有市场预期的资产，根据索罗斯的"资产价格反射性理论"，投资者投资房地产的主观性强，缺乏应有的理性，房地产市场会受"主流偏向""羊群效应"等因素影响，出现"泡沫价格"。那么，我国现在的房价是否也有泡沫了呢？

提醒　资产价格反射性理论是指事件参与者本身会影响事件进程，进而最终影响事件的未来，而不是事件本身决定事件的未来。以房地产价格为例，参与者是开发商和购房者，房屋的供给是单独事件，房屋的需求也是单独事件。经济学原理是，供求决定均衡价格。而反射性理论说的是，购房者的思想观念特别是对未来房价的预期严重影响着房价。

1.3.1　是否有泡沫看银行

银行的政策和举动是金融投资市场的晴雨表和风向标。投资者可以认真思考一下，现在投资到房地产市场中的资金，大部分是从银行贷出来的。如果房价真的虚高，短期内有大幅下跌的可能，银行发放房贷还会积极吗？所以就政策面来说，国家短时间内是不会置银行的生死于不顾，过分打击房价的。

1.3.2　是否有泡沫看租售比

投资合理性在于回收期，年租金与房价的比例如果是 1∶15，就意味着投资买房要 15 年才能够回收。最近几年，很多人都会有这样一种感觉，房屋的租金跟不上房价的上涨。于是很多专家便出来说"没有人租""有泡沫"等。

对于这个问题，可以从两方面来看，一方面说明以现在的价格买房就为了出租，那获利确实太少了，也就勉强能追上 CPI(价格消费指数)的增长；另一方面，如果你本来就持有房产，把房产当作个人资产，那又何必太在意租金呢？这和选择基金一样，不要太在意一时的涨跌，要把眼光放得远一些。

1.3.3　当前房地产价格的基本走势

我国房地产业有巨大的长期潜在需求。从世界经济发展史来看，各国人均 GDP 从 800 美元到 13000 美元，是住房消费持续发展阶段，中国已超过 1000 美元。世界平均城市化水平是 50%，发达国家是 75%，中国只有 42%。假如中国每年城镇化水平提高一个百分点，就会有 3000 万人进城，需要 600 万套住宅，可以拉动内部需求 8000 亿人民币，相当于 GDP 每年增长 5 个百分点。

中国城镇居民住房消费占全部消费比重仅 10%，人均建筑面积从 1978 年的 8 平方米增加到 2010 年的 22 平方米，预计 2020 年可达到 35 平方米，潜在需求有 30 亿平方米。现实需求也是巨大的：20%的城镇家庭想改善住房，2700 万户每户增 20 平方米，就是 5.4 亿平方米，还有房屋拆迁产生的拉动需求。只要收入逐年增长，房地产需求必然逐年增长，随着建筑质量提高和土地资源日益稀缺，住宅价格呈长期上升趋势。

1.3.4　海南房地产泡沫

1992 年总人口不过 655.8 万的海南岛上竟然出现了两万多家房地产公司。短短 3 年，房价增长超过四倍。最后的造成的结果是出现 600 多栋"烂尾楼"、18834 公顷闲置土地和 800 亿元积压资金，仅四大国有商业银行的坏账就高达 300 亿元。开发商纷纷逃离或倒闭，不少银行的不良贷款率一度高达 60%以上。"天涯，海角，烂尾楼"一时间成为海南的三大景观。海南不得不为清理烂尾楼和不良贷款而长期努力。

1)　形成：特区实验，南方谈话，住房改革

1988 年，正值改革开放十周年之际，中国面临如何进一步深化改革和扩大开放的问题。当时，国内已经建立了深圳、珠海、厦门和汕头四个经济特区，但这四个城市皆属于沿海城市经济体，成功的经验是否适用于广大农村地区。因此，中央需要一块理想的试验田。1988 年的海南农村人口占比超过 80%，工业生产水平低下，人均 GDP 只相当于全国平均水平的 80%，有六分之一的人口生活在贫困线以下，基本符合中央改革实验的各项条件，尤其是其所具有的独特地理条件。

1988 年 8 月 23 日，有"海角天涯"之称的海南岛从广东省脱离，成为中国第 31 个省级行政区。海口，这个原本人口不到 23 万、总面积不足 30 平方公里的海滨小城一跃成为中国最大经济特区的首府，也成为全国各地淘金者的"理想国"。

1992 年年初，邓小平发表南方谈话，随后，中央提出加快住房制度改革步伐。海南建省和特区效应因此得到全面释放。海南岛的房地产市场骤然升温。

2) 狂热：财富神话，击鼓传花

大量资金被投入到房地产上，高峰时期，这座总人口不过 655.8 万的海岛上竟然出现了两万多家房地产公司，平均每 300 个人一家房地产公司。

当时的各路炒房人马中，有包括中远集团、中粮集团、核工业总公司的中央军，也有全国各地知名企业组成的杂牌军，炒房的钱大部分都来自国有银行。

据海南省处置积压房地产工作小组办公室资料统计，海南省 1989 年房地产投资仅为 3.2 亿元，而 1990—1993 年间，房地产投资比上年分别增长 143%、123%、225%、62%，最高年投资额达 93 亿元，各年房地产投资额占当年固定资产投资总额的比例分别是 22%、38%、66%与 49%。

当然，这些公司不都是为了盖房子。事实上，大部分人都在玩一个"击鼓传花"的古老游戏。

1992 年，海南全省房地产投资达 87 亿元，占固定资产总投资的一半，仅海口一地的房地产开发面积就达 800 万平方米，地价由 1991 年的 10 几万元/亩飙升至 600 多万元/亩；同年，海口市经济增长率达到了惊人的 83%，另一个热点城市三亚也达到了 73.6%，海南全省财政收入的 40%来自房地产业。

据《中国房地产市场年鉴(1996)》统计，1988 年，海南商品房平均价格为 1350 元/平方米，1991 年为 1400 元/平方米，1992 年猛涨至 5000 元/平方米，1993 年达到 7500 元/平方米的顶峰。短短三年，增长超过四倍。

与海南隔海相望的广西北海市，房地产开发的火爆程度也毫不逊色。1992 年，这座原本只有 10 万人的小城冒出了 1000 多家房地产公司，全国各地驻扎在北海的炒家达 50 余万人。经过轮番倒手，政府几万元/亩批出去的地能炒到 100 多万元/亩，当地政府一年批出去的土地就达 80 平方公里。

在这场空前豪赌中，政府、银行、开发商结成了紧密的铁三角。泡沫生成之时，以四大商业银行为首，银行资金、国企、乡镇企业和民营企业的资本通过各种渠道源源不断地涌入海南，总数不下千亿元。

几乎所有的开发商都成了银行的债务人。精明的开发商们纷纷把倒卖地皮或楼花赚到的钱装进自己的口袋，把还停留在图纸上的房子高价抵押给银行。

由于投机性需求已经占到了市场的 70%以上，一些房子甚至还停留在设计图纸阶段，就已经被卖了好几道手。

每一个玩家都想在游戏结束前赶快把手中的"花"传给下一个人，然而，不是每个人都有好运气。

1993 年 6 月 23 日，终场哨声突然吹响。时任国务院副总理的朱镕基发表讲话，宣布终止房地产公司上市、全面控制银行资金进入房地产业。

3）崩溃及影响：宏观调控，银根收紧，烂尾楼，不良贷款

1993 年 6 月 23 日，时任国务院副总理的朱镕基发表讲话，宣布终止房地产公司上市、全面控制银行资金进入房地产业。24 日，国务院发布《关于当前经济情况和加强宏观调控意见》，16 条强力调控措施包括严格控制信贷总规模、提高存贷利率和国债利率、限期收回违章拆借资金、削减基建投资、清理所有在建项目等。

银根全面紧缩，一路高歌猛进的海南房地产热顿时被釜底抽薪。这场调控的遗产是给占全国总人口 0.6%的海南省留下了占全国 10%的积压商品房。全省"烂尾楼"高达 600 多栋、1600 多万平方米，闲置土地 18834 公顷，积压资金 800 亿元，仅四大国有商业银行的坏账就高达 300 亿元。此后几年海南的经济增速呈断崖式下跌。

一海之隔的北海，沉淀资金甚至高达 200 亿元，烂尾楼面积超过了三亚，被称为中国的"泡沫经济博物馆"。

开发商纷纷逃离或倒闭，银行顿时成为最大的"开发商"，不少银行的不良贷款率一度高达 60%以上。当银行着手处置不良资产时，才发现很多抵押项目其实才挖了一个大坑，以天价抵押的楼盘不过是"空中楼阁"。更糟糕的是，不少楼盘还欠着大量的工程款，有的甚至先后抵押了多次。

据统计，仅中国建设银行，先后处置的不良房地产项目就达 267 个，报建面积 760 万平方米，其中现房面积近 8 万平方米，占海南房地产存量的 20%，现金回收比例不足 20%。

一些老牌券商如华夏证券、南方证券因在海南进行了大量房地产直接投资，同样损失惨重。为此，证监会不得不在 2001 年 4 月全面叫停券商直接投资房地产。

1995 年 8 月，海南省政府决定成立海南发展银行，以解决省内众多信托投资公司由于大量投资房地产而出现的资金困难问题。但是仅仅两年多，海南发展银行就出现了挤兑风波。1998 年 6 月 21 日，央行不得不宣布关闭海南发展银行，这也是新中国首家因支付危机关闭的省级商业银行。

1.3.5 香港房地产泡沫

香港房地产泡沫是如何破灭的，下面进行具体讲解。

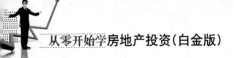
1) 香港房地产泡沫的形成

20 世纪 70 年代后期，香港逐步转型为以金融、贸易和服务为主的经济体。香港房地产业在这次产业调整中得到了迅速发展。根据 1998 年的数据，香港房地产业对 GDP 的贡献高达 20%，房地产投资占固定资产投资的近 50%，而政府收入中也有 35%来源于房地产业。进入 20 世纪 90 年代，香港经济持续发展，对房地产市场的需求不断增加，房地产价格上涨非常迅速。

从 1991 年开始，香港实施"紧缩性"土地供应政策并以低利率进行刺激，导致房价一路飙升。房地产价格的暴涨引起市场投机行为急剧升温，许多香港居民因为买卖房产实现财富迅速增长，甚至企业纷纷向银行贷款投入炒地皮的行为中，香港房地产市场充斥着严重的投机风气。1996 年第四季度，香港银行业放松了对住房按揭贷款的审查标准，直接促使大量炒楼力量进入房地产市场，使得本来就已经非常高的楼市价格再度暴涨。房地产价格增长率与 GDP 增长率在 1986—1996 年间的平均值达 2.4，而 1997 年 8 月份在香港楼市高峰期，该指标高达 3.6～5.0。香港地产泡沫可见一斑。

2) 香港房地产崩溃

1997 年亚洲金融危机爆发，港币汇率和港股承压暴跌，引发了香港市场利率上升、银行信贷萎缩、失业增加等问题。由于前期房价上涨过快，房地产业在经济结构的比重严重失衡，且市场上对房产多是投机性需求，危机爆发后借贷成本上升、居民支付能力减弱和对市场的悲观预期造成了楼市"跳水式"的下跌，1997 年至 1998 年一年时间，香港楼价急剧下跌 50%～60%，成交量大幅萎缩，房屋空置率上升。

房价暴跌导致社会财富大量蒸发，据计算，从 1997—2002 年的 5 年时间里，香港房地产和股市总市值共损失约 8 万亿港元，比同期香港的生产总值还多。在这场泡沫中，香港平均每位业主损失 267 万港元，有 10 多万人由百万"富翁"一夜之间变成了百万"负翁"。

由于泡沫时期政府财政对房地产的依存度很高，财政收入长期依靠土地批租收入以及其他房地产相关税收，泡沫破裂后香港政府整体财政收入减少了 20%～25%。另外，银行系统也积聚了大量不良贷款，个人和工商企业的抵押物资产大幅缩水。

1998—2003 年，香港经济一直处于衰退的泥潭中。1999 年、2001 年、2002 年和 2003 年香港经济增长率分别为-1.2%、-0.7%、-0.6%和-2.2%。

1.3.6 日本房地产泡沫

物极必反，天下哪有只涨不跌的价格？神话越神奇，破灭越彻底。所以，我们在投资房地产时，也要做好风险防范。为了更清楚地看到房地产泡沫破灭，下面来看一下日本房地产泡沫神话的破灭。

1985 年广场协议后日元兑美元汇率从 1：250 升值至 1995 年 1：78。日本银行 1987 年 2 月下调贴现率。1987—1990 年货币增长率为 10%，超出实际 GDP 增长。地价与物价指数的差距由 25.2 倍猛增至 68.2 倍，货币供给的增加没有被实体经济吸收，而是进入到了房地产、股票等资产市场。股市从 1985 年 12 月的 13113 点升至 1987 年 9 月的 26000 点，1989 年 12 月 29 日创下历史最高点——38915 点。1987 年东京证券交易所股票市值 26600 亿美元，超过纽约证券交易所的 26520 亿美元。

日本放开利率管制信贷配置，加剧了竞争。大银行投资于房地产，银行土地抵押贷款急剧膨胀，占贷款总额比例由 1984 年的 17%上升到 1992 年的 35.5%。东京地价比 1949 年上升了 10000 倍，国民对投资土地有特殊偏好，笃信"马尔萨斯条件"，言日本人口多土地少，流行着地价只涨不跌的神话，"日本买下了美国，日本第一，21 世纪是日本的世纪"之说充斥全球。

日本政府害怕政策调整伤害实体经济，长期政策摇摆不定，银行 1989 年 5 月上调贴现率 4.25%。防止海湾石油价格上涨冲击，再一次上调至 6.0%，给股市沉重打击。大银行证券公司不法行为曝光，损害人民信心。1991 年股市最终崩溃，1992 年下跌到 14309 点，20 世纪末城市房地产价格指数只相当于 20 世纪 80 年代中期。

1.4 通货膨胀下的房地产投资

下面先来看一个实例。

2008 年奥运会前，在北京工作的李先生想买套房子，但是他担心未来会发生通货膨胀，并且不知道通胀对房地产市场有怎样的影响。所以李先生迟迟不敢动手买房，一晃大半年过去了，李先生还是没有买房。

2008 年奥运会后，李先生仍然想买房，但是看到房价开始回落，就没敢买。就这样，李先生的心一直悬在空中。

每当房地产市场出现一片大好时，最开始往往都是由于通货膨胀催化的结果。但是当遍地开花之后，严重的通货膨胀会给人们的生活带来压力，从而影响到房地产市场，这样会使房地产市场进入严冬。

通货膨胀时，由于物价都在涨，所以房价也会涨。但是长久发展下去，对房地产市场同样会造成极大的负面作用。

1.4.1 通货膨胀下什么时候是买房时机

首先投资者要确定通货膨胀是温和的还是恶性的。如果是温和的通货膨胀，那么可以在通胀来临之前购买房子；如果是恶性的通货膨胀，那么就要等到通胀状态停止后，再购买房子。如果通货膨胀进入恶性循环，那么房地产市场就会陷入僵局状态。

通货膨胀总会过去，但是会有软着陆和硬着陆之分。

1）软着陆

软着陆是指国民经济的运行经过一段时间过度扩张之后，平稳地回落到适度增长区间。国民经济的运行是一个动态的过程，各年度间经济增长率的运动轨迹不是一条直线，而是围绕潜在增长能力上下波动，形成扩张与回落相交替的一条曲线。

国民经济的扩张，在部门之间、地区之间、企业之间具有连锁扩散效应，在投资与生产之间具有累积放大效应。当国民经济的运行经过一段时间过度扩张之后，超出了其潜在的增长能力，打破了正常的均衡，于是经济增长率将回落。"软着陆"是一种回落方式。

 提醒 软着陆的基本指标有三个：经济增长率大于7%；失业率在4.5%～6%之间；通涨率小于4.5%。

2）硬着陆

硬着陆，即经济"大起大落"。"大落"由过度的"大起"而造成的。国民经济的过度扩张，导致极大地超越了其潜在的增长能力，严重地破坏了经济生活中的各种均衡关系，于是用"急刹车"的办法进行"全面紧缩"，最终导致经济增长率的大幅度降落。

如果是软着陆，那么物价的总水平就会保持相当稳定，适合逢低购房；如果是硬着陆，那么就可能出现经济萧条、物价下跌，这时不适合购买房产。

另外，进行房地产投资，要理性地分析自己的财富水平处于哪一个阶段。面对通货膨胀，一定要明白自己是哪种类型的购房者，如理财型、投资型、生存型。知己知彼，才能百战不殆。清楚地认识自己购房的本质，在通货膨胀面前，也能很好地规避风险。

1.4.2 通膨对房地产来说短期有利，长期不利

从短期来看，通货膨胀对房产有利。这是因为通货膨胀意味着物价不断上涨，房

价当然也会水涨船高。这种现象并不会持续太长时间，特别是当通货膨胀越来越严重时，尽管房价很高，但这仅仅是账面上的财富，因为这时有价无市，投资者很难卖出手中的房产。

对于普通老百姓来讲，在恶性通货膨胀情况下，生活必需品油、盐、米、茶都大幅度上涨，一连串的社会问题开始出现，人们都在忙着把肚子填饱，哪还有心情买房呢？所以在这种情况下，房地产商的日子大多不会好过，因为他们的房子在较早一段时间，已经开始卖不动了。

1.5　房地产投资的调控政策

从 2010 年年初开始，我国住宅市场就开始遭遇接踵而来的调控政策，"二套房首付由最初的三成提到不得低于六成，贷款利率加升到 1.1 倍，三套房直接停贷"，这使得原本倾向于住宅市场的投资者购房成本增加，观望情绪渐浓。

另外，很多城市出台"最强限购令"细则，例如郑州的限购细则如下。

自 2011 年 3 月 4 日起，郑州市区(郑州市包含市内五区及郑东新区，高新区和经开区不在限购范围)已有一套住房的本市户籍家庭，持本市居住证一年以上，在本市缴社保或个人所得税一年以上的非本市户籍家庭限购一套。对已有两套住房的本市户籍，拥有一套及以上住房的非本市户籍居民家庭，无法提供一年以上居住证或者在本市缴社保或个人所得税一年以上证明的非本市户籍暂停在本市向其售房。

事实证明，"限购令"细则的出台对住宅市场的投机炒房行为打击之精准、力度之大，堪称史无前例。调控政策下，投资者该如何投资房产呢？调控政策能否使房价走出越调越高的怪圈呢？

1.5.1　限购令及限购城市的分布

"限购令"是 2010 年 4 月 30 日北京出台"国十条实施细则"中明确提出的：从 2010 年 5 月 1 日起，北京家庭只能新购一套商品房，购房人在购买房屋时，还需要如实填写一份《家庭成员情况申报表》，如果被发现提供虚假信息骗购住房的，将不予办理房产证。这是全国首次提出的家庭购房套数"限购令"。

随着北京限购令的出台，其他城市如深圳、广州等多个城市陆续发布限购令。我国限购令的城市分布如表 1.1 所示。

表 1.1　我国限购令的城市分布

华南地区	广东(4)	广州、深圳、佛山、珠海
	福建(2)	福州、厦门
	海南(2)	海口、三亚
华北地区	北京	北京
	天津	天津
	山东(2)	济南、青岛
	河北(1)	石家庄
	山西(1)	太原
	河南(1)	郑州
华东地区	上海	上海
	江苏(4)	南京、无锡、苏州、徐州
	安徽(1)	合肥
	浙江(8)	宁波、杭州、温州、金华、绍兴、舟山、台州、衢州
东北地区	黑龙江(1)	哈尔滨
	吉林(1)	长春
	辽宁(2)	大连、沈阳
中南地区	湖南(1)	长沙
	湖北(1)	武汉
	贵州(1)	贵阳
	广西(1)	南宁
	江西(1)	南昌
西北地区	陕西(1)	西安
	甘肃(1)	兰州
	新疆(1)	乌鲁木齐
	青海(1)	西宁
	宁夏(1)	银川
	内蒙古(1)	呼和浩特
西南地区	四川(1)	成都
	云南(1)	昆明
合　计	46	

2014 年楼市遇冷，各地楼房成交量不断萎缩，库存量持续攀升，楼市陷入沉闷氛围中。于是，各地就开始慢慢取消限购，打破楼市沉闷僵局。早前，一般都是暗中做一些"松绑"的动作，随着松绑的呼吁声渐高，现在已经从"地下"转到了"地上。

2014 年下半年，各地对楼市限购政策开始出台限制性松绑，有的甚至是直接取消。据不完全统计，呼和浩特、济南、南昌、武汉已经明文宣布松绑限购；广州、南宁、天津、无锡、海口、温州等城市的户籍政策也间接松绑了限购；关于厦门、杭州、长沙、宁波、沈阳、昆明等城市松绑限购的传闻频频出现，显露出了它们"犹抱琵琶半遮面"的态势。

2016 年，房价再度高涨，国民买房，可以毫不夸张地说，是闭着眼睛下单，只要是房就买。随着房价的不断猛涨，楼市过于火热，政府再度出手，开始限购。

1.5.2　新国八条

2010 年房地产市场实行限购令后，房产价格上涨势头趋缓，但房产价格仍没有回调迹象，更可怕的是，不少城市仍在上涨。就在距离 2012 年春节还有 8 天的时候，一只重拳再次砸向这个让人欢喜让人忧的房地产市场，即"新国八条"。

2011 年 1 月 26 日，国务院常务会议再度推出八条房地产市场调控措施(下称"新国八条")，要求强化差别化住房信贷政策，对贷款购买第二套住房的家庭，首付款比例不低于 60%，贷款利率不低于基准利率的 1.1 倍。

新国八条的具体内容如下。

1)　进一步落实地方政府责任

地方政府要切实承担起促进房地产市场平稳健康发展的责任。2011 年各城市人民政府要根据当地经济发展目标、人均可支配收入增长速度和居民住房支付能力，合理确定本地区年度新建住房价格控制目标，并于一季度向社会公布。

2)　加大保障性安居工程建设力度

各地要通过新建、改建、购买、长期租赁等方式，多渠道筹集保障性住房房源，逐步扩大住房保障制度覆盖面。加强保障性住房管理，健全准入退出机制，切实做到公开、公平、公正。有条件的地区，可以把建制镇纳入住房保障工作范围。努力增加公共租赁住房供应。

3)　调整完善相关税收政策，加强税收征管

调整个人转让住房营业税政策，对个人购买住房不足 5 年转手交易的，统一按销售收入全额征税。加强对土地增值税征管情况的监督检查，重点对定价明显超过周边房价水平的房地产开发项目，进行土地增值税的清算和稽查。严格执行个人转让房

地产所得税征收政策。各地要加快建立和完善个人住房信息系统，为依法征税提供基础。

4） 强化差别化住房信贷政策

对贷款购买第二套住房的家庭，首付款比例不低于 60%，贷款利率不低于基准利率的 1.1 倍。人民银行各分支机构可根据当地人民政府新建住房价格控制目标和政策要求，在国家统一信贷政策的基础上，提高第二套住房贷款的首付款比例和利率。加强对商业银行执行差别化住房信贷政策情况的监督检查，对违规行为严肃处理。

5） 严格住房用地供应管理

各地要增加土地有效供应，落实保障性住房、棚户区改造住房和中小套型普通商品住房用地不低于住房建设用地供应总量的 70%的要求。在新增建设用地年度计划中，单列保障性住房用地，做到应保尽保。今年的商品住房用地供应计划总量原则上不得低于前两年年均实际供应量。大力推广以"限房价、竞地价"方式供应中低价位普通商品住房用地。加强对企业土地市场准入资格和资金来源的审查，参加土地竞买的单位或个人，必须说明资金来源并提供相应证明。对擅自改变保障性住房用地性质的，坚决纠正，严肃查处。对已供房地产用地，超过两年没有取得施工许可证进行开工建设的，及时收回土地使用权，并处以闲置一年以上罚款。依法查处非法转让土地使用权行为。

6） 合理引导住房需求

各直辖市、计划单列市、省会城市和房价过高、上涨过快的城市，在一定时期内，要从严制定和执行住房限购措施。原则上对已有 1 套住房的当地户籍居民家庭、能够提供当地一定年限纳税证明或社会保险缴纳证明的非当地户籍居民家庭，限购 1 套住房；对已拥有 2 套及以上住房的当地户籍居民家庭、拥有 1 套及以上住房的非当地户籍居民家庭、无法提供一定年限当地纳税证明或社会保险缴纳证明的非当地户籍居民家庭，暂停在本行政区域内向其售房。

7） 落实住房保障和稳定房价工作的约谈问责机制

未如期确定并公布本地区年度新建住房价格控制目标、新建住房价格上涨幅度超过年度控制目标或没有完成保障性安居工程目标任务的省(区、市)人民政府，要向国务院做出报告，有关部门根据规定对相关负责人进行问责。

8） 坚持和强化舆论引导

对各地稳定房价和住房保障工作好的做法和经验，要加大宣传力度，引导居民从国情出发理性消费。对制造、散布虚假消息的，要追究有关当事人的责任。

1.5.3　新国五条

2013 年年初，房地产市场再出新的调控政策，即"新国五条"。2013 年 2 月 20 日，国务院总理温家宝主持召开国务院常务会议，研究部署继续做好房地产市场调控工作，提出要坚决抑制投机投资性购房，严格执行商品住房限购措施，扩大个人住房房产税改革试点范围。同时，会议确定了五项政策措施。

1）　完善稳定房价工作责任制

各直辖市、计划单列市和除拉萨外的省会城市要按照保持房价基本稳定的原则，制定并公布年度新建商品住房价格控制目标。建立健全稳定房价工作的考核问责制度。

2）　坚决抑制投机投资性购房

严格执行商品住房限购措施，已实施限购措施的直辖市、计划单列市和省会城市要在限购区域、限购住房类型、购房资格审查等方面，按统一要求完善限购措施。其他城市房价上涨过快的，省级政府应要求其及时采取限购等措施。严格实施差别化住房信贷政策。扩大个人住房房产税改革试点范围。

3）　增加普通商品住房及用地供应

2013 年住房用地供应总量原则上不低于过去五年平均实际供应量。加快中小套型普通商品住房项目的供地、建设和上市，尽快形成有效供应。

4）　加快保障性安居工程规划建设

全面落实 2013 年城镇保障性安居工程基本建成 470 万套、新开工 630 万套的任务。配套设施要与保障性安居工程项目同步规划、同期建设、同时交付使用。完善并严格执行准入退出制度，确保公平分配。2013 年年底前，地级以上城市要把符合条件的外来务工人员纳入当地住房保障范围。

5）　加强市场监管

加强商品房预售管理，严格执行商品房销售明码标价规定，强化企业信用管理，严肃查处中介机构违法违规行为。推进城镇个人住房信息系统建设，加强市场监测和信息发布管理。

1.5.4　为什么房价越调越涨

中国的楼市似乎遭遇了这样一个怪圈，越调控房价反而越高，究竟是什么原因导致调控屡屡失效呢？

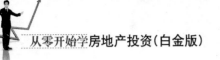

具体原因有三个，主要包括刚性需求和投资性需求旺盛，地价攀高，长期的负利率状态等。

1) 需求不因调控而"退烧"

调控并未使需求"退烧"。不管是刚性需求，还是投资性需求，在调控期间仍然存在，而且热情高涨。

据了解，仅上海市，最近几年来每年有超过 10 万对新人结婚，如 2016 年在民政部门登记结婚的有 15.87 万对，2017 年则达到 16.74 万对，这些基本上都会转化为有效市场需求。假设其中有八成新人购房，那么仅 2017 年对楼市交易量的贡献就达到了 12.8 万套，占整个住宅市场交易量的两成多。

楼市虽然历经调控，但并未让有刚性需求的人放弃购房计划，充其量只是推迟置业时间而已，有人把这种情形比喻为"摁在水里的气球"，并且由于调控给市场造成价格回落的预期，因此在短时间内的确会导致交易萎缩。

而从长期来看，由城市化进程带来的新增增量，仍然如同一头饥饿的猛兽，疯狂地吞噬房地产市场的供应。例如，2015 年全年大约有 1400 万农村人口进城，这给房地产市场带来的需求是巨大的。目前中国的城市化比例为 42%，而西方发达国家已达到 80%以上，可见中国的城市化进程是一个长期的过程。

2) 负利率下买房才是硬道理

我们正经历着一个负利率周期。当负利率成为常态时，民间资金出于保值增值的需求，必将对包括不动产在内的资产进行投资。

所谓负利率，是指通货膨胀率高过银行存款利率。2010 年 2 月份 CPI 同比增长 2.7%，而银行利率是 2.25%，宣告了负利率周期的到来。这种情形下，如果只把钱存在银行里，会发现财富不但没有增加，反而随着物价的上涨缩水了。这就是所谓的存款实际收益为"负"的负利率现象。

为什么资金会看重不动产呢？专业人士分析，存入银行的钱要贬值，边际投资报酬率为负，存得越多赔得越多，投资股市也不一定能够赚钱，而投资房产最为稳妥实在，可规避高通胀。因此，不动产成为资金追捧的对象就不足为怪了。

结合历史经验来看，负利率周期内，投资房产的意愿会大大增强。从 2007 年 2 月至 2008 年 10 月的负利率周期与住房销售价格指数看，二者呈明显的相关性，负利率的出现会催生房价的走高。

不过，随着中国进入加息通道，未来居民储蓄负利率的状况将得到一定的改善，对抑制房产投资性需求将起到一定的作用。

3) 土地财政依赖症暂无药可救

面粉(土地)又涨价了，面包(商品房)还能跌价吗？面对不断上涨的土地价格，购房者不禁发出这样的疑问。

经历着"新国八条"和"新国五条"的宏观调控，土地出让市场的热度却未有退热迹象。特别是临近年底，年度出让计划尚未完成的城市大规模集中推地，使土地市场再现火热景象。

2013 年，全国 300 个城市住宅用地推出及成交量同比分别增长 19.3%和 29.8%，总出让金同比大幅增长 60.4%，一线城市(北京、上海、广州、深圳)成交面积和成交额分别增长 54.5%和 136.9%，增长相当显著。在价格方面，全国 300 个城市住宅用地楼面均价同比上涨 23.1%，并且 2013 年地王总价水平明显提高，约为 2012 年的两倍，楼面均价突破 1 万元/平方米，创历史新高。

实际上，土地成交面积的增加及价格的上涨其根本原因在于土地财政依赖症。专业人士表示，土地财政已经成为地方财政收入的主要来源，尤其是经济欠发达地区，对土地财政依赖程度更深。

地方政府对土地财政的依赖，使得他们根本就不愿意看到房价降下来。如果房价降下来了，土地还能卖到更高的价钱吗？土地卖不出高价，地方财政收入能不受到影响吗？因此在降房价和保证财政收入这个问题上，地方政府更加倾向于选择后者。更让人担忧的是，在未来一段时间内，即经济转型尚未完成之前，找不到可以取代土地财政的其他方式。

1.6　物权法为房地产投资提供了保障

2007 年 3 月 16 日，第十届全国人民代表大会第五次会议高票通过了《物权法》，该法自 2007 年 10 月 1 日起施行。这部法律历经了 13 年的酝酿和广泛讨论，创造了中国立法史上单部法律草案审议次数最多的纪录。

《物权法》就是使国家、集体、私人的物权和其他权利人的物权受法律保护，任何单位和个人不得侵犯，从中也可以引申到与我们老百姓息息相关的房地产及相关问题。因此，《物权法》的最大受益者是拥有房地产的老百姓。

1.6.1　70 年后住宅建设用地使用权自动续

随着住房制度改革，越来越多的老百姓拥有了自己的房屋，而且大量集中在住宅小区内。《物权法》的这一规定，回答了广大群众关于"70 年大限到期后，我们的住房怎么办"的疑问。

《物权法》关于 70 年后自动续期的规定，给老百姓吃了一颗"定心丸"，保证了广大老百姓的切身利益，也消除了老百姓对 70 年后房屋归属的顾虑。

1.6.2　小区车位车库应首先满足业主需要

由于住房制度改革，从而出现了大量现代化社区。因小区内车位、车库的归属问题，以及停放在小区内道路上车位收费问题而引发的纠纷逐渐成为社会各界关注的热点问题。

对此，《物权法》明确规定：建筑区划内，规划用于停放汽车的车位、车库应当首先满足业主的需要，其归属由当事人通过出售、附赠或者出租等方式约定。占用业主共有的道路或者其他场地用于停放汽车的车位，属于业主共有。

注意，《物权法》规定"建筑区划内，规划用于停放汽车的车位、车库应当首先满足业主的需要"主要针对现实生活中的一些情况：有的开发商将车位、车库高价出售给小区外的人停放；不少小区没有车位、车库或者车位、车库严重不足，占用共有的道路或者其他场地作为车位等问题。

对于在小区共有道路上停放汽车，并收取相关费用的现象，法律规定，占用业主共有道路停放汽车的车位，属业主共有。这就意味着，开发商、物业公司不能将车位收费所得据为己有；如果需要收费，在扣除必要的管理费后的所得款应属于全体业主共有。

而针对实际生活中由于开发商和业主信息不对称，许多开发商利用"协商"机制在格式合同中变相决定车位归自己所有的情况，有律师指出，可以通过具体的地方条例来补充完善《物权法》的规定。

例如，杭州市出台的《杭州市居住区配套设施建设管理条例》规定，地面公共停车泊位、按标准建设的自行车车库属于居住区全体业主所有，开发商不得擅自租售用于谋利，否则可处以 10 万元以上 50 万元以下罚款。

1.6.3　保护"阳光权"

近年来，随着城市建设速度加快，住宅建设用地供应趋紧，加之一些城市在对新建住宅楼规划审批环节中存在漏洞，有些开发商违规施工，超规划建设，导致新建住宅楼层数过高，密度过大；有些人甚至为求便利，私搭乱建，影响相邻建筑的通风、采光，使基于"阳光权"引发的纠纷日益增多。

《物权法》规定，不动产的相邻权利人应当按照有利生产、方便生活、团结互助、公平合理的原则，正确处理相邻关系。法律、法规对处理相邻关系有规定的，依照其规定；法律、法规没有规定的，可以按照当地习惯。

另外，《物权法》强调了小区业主共同享有产权的会所、物业服务用房等，其使用内容和经营收益也应归全体业主所有。这样，开发商和业主通过共同约定能够更加有效地发挥社区服务功能，避免因产权所属问题造成延缓使用或无人管理、经营的尴尬境地。

《物权法》的实施最大限度地保护了个人的权利，特别是业主对其建筑物享有占有、使用、收益和处分的权利，但必须在不损害其他业主的合法权益下行使。

总体来说，《物权法》的颁布对于推进经济改革和建设法治国家都有着重大意义，它不但弥补了这方面的法律空白，也标志着社会主义市场经济的进一步完善以及政治文明迈出了重要一步，同时也进一步加强了业主的权利，保障了业主的合法权益。

房产不会自动流失，上涨率远远超过了折旧率，即使房屋破旧，但是土地本身的增值将给投资者带来无限的"惊喜"，在满足房屋消费的同时，还能获得巨大的投资收益。

第 2 章

房地产投资的信息
识别技巧

购房置业，是家庭生活中的大事。但现在房地产市场项目众多，鱼龙混杂，一不小心就会被开发商忽悠或欺骗，投资不但没有达到保值增值的目的，反而落得一个血本无归的下场。

所以投资房产，应当慎重，防范陷阱的第一步，应当从信息识别开始。本章首先讲解如何正确识别房地产广告、假热销、口头承诺，然后讲解期房、概念房、抵押房的投资技巧，最后讲解正确识别大打折扣绿化率的技巧。

959,464	0.3%
8,632,724	7.7%
59,087	0.1%
13,963,095	12.4%
5,266,055	4.7%
10,323,178	9.2%
5,283,470	4.7%
4,330,582	3.8%

2.1 正确识别房地产广告的技巧

投资者在房地产投资之前，对一个楼盘的初步印象，常常是从房地产广告开始的。很多开发商利用虚假广告宣传做诱饵，来误导投资者。下面举例说明一下。

工作五六年的张先生，手中有了一部分积蓄，打算买房，结果被一个个房地产广告整蒙了。

有的楼盘宣传语说"回归自然，享受田园风光"；有的说"让您拥抱山水，真情永远"；有的说"春来花前鸟语，福入树下人家"；有的说"尽享都市繁华的宁静，彰显尊贵生活的从容"；还有的说"交通便利，四通八达"。

张先生打算买套比较安静的房子，于是跟着售楼员看那套"回归自然，享受田园风光"的房子。结果从市区出发，汽车东拐西拐走了大约两个小时后，才在一个极其偏远的地方停下。张先生倒吸了一口凉气，觉得这个楼盘也太田园风光了，如果在这里买房别说上班了，就是平时买点吃的都比较难。

过了几天，张先生又去看了广告为"交通便利，四通八达"的房子。张先生心想，交通便利的房子，位置肯定会不错，上下班比较方便。谁知售楼小姐带他看的却是一套靠近火车道的房子。火车经过时，张先生感觉自己脚下的地都是震动的。

想买房子的张先生相当无奈，他不知道房地产广告到底哪句是真，哪句是假。

到底该如何正确对待房地产广告呢？国家又是如何管理房地产虚假广告的？如何才能避免房地产虚假广告的陷阱？下面进行讲解。

2.1.1 房地产广告只是营销手段

媒体上的房地产广告，仅仅是为了吸引投资者，美化房产，从而激发投资者购房的欲望，让他们自动掏腰包的一种营销策略。在房地产市场竞争越来越激烈的情况下，出现越来越惊人的、抓人眼球的房地产广告，是房地产商的一种营销方式。

(1) 只要买了房就能和比尔·盖茨做邻居。

此广告牌在路边十分醒目，"只要买了房就能和比尔·盖茨做邻居"这一幅户外广告引起了不少路人的注意，如图 2.1 所示。

这幅户外十余米高的房地产广告牌，上面写着："中国的巴顿、比尔·盖茨、居里夫人已率先在此购置了 80% 以上。""巴顿、居里夫人都已经去世很多年了，比尔·盖茨就算住在这里也不会打出广告让所有人都知道。"真让人质疑！该楼盘售楼处一位工作人员解释，广告牌上的话用的是比喻手法，说的是购买此项楼盘的业主多是在中关村、上地工作的科研、IT 等行业的白领，小区中还有一部分为在京某部队单位的宿舍。这几类人就是广告上提到的"中国的巴顿、比尔·盖茨、居里夫人"。此则广告脑洞也真开得够大的!

图 2.1　只要买了房就能和比尔·盖茨做邻居

(2) 恶搞历史人物,庄子变身售楼先生。

庄子是我国伟大的思想家、文学家、哲学家,战国时期道家学派的代表人物。2000多年后的今天,庄子有了一个新身份,他"变"成了沈阳市铁西新区某楼盘的"售楼先生",如图 2.2 所示。

该楼盘的工作人员坦言,"我们这里没有工作人员叫'庄子','庄子'是一个售楼员的代号,之所以用这个名字,就是想让人们记住我们的楼盘。"

一个好的房产广告,能使一个地段的楼房卖出好价格,广告起着引导投资者的作用。楼盘广告的作用不可低估。提醒投资者值得注意的是,广告再好都没有用,实地考察才是硬道理。

图 2.2　恶搞历史人物,庄子变身售楼先生

2.1.2　国家对房地产虚假广告的管理

房产虚假广告是指以虚构或隐瞒重要事实的方法发布的、含有国家禁止内容的广告,以欺骗投资者。

1996 年 12 月,国家工商行政管理局颁布《房地产广告发布暂行规定》:广告应载明预售或销售许可证书号,应当清楚表示实际销售价格及其有效期,应以该房地

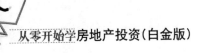

产项目到达某一具体参照物的现有交通干道的实际距离表示，不得以所需时间来表示距离。

房地产广告中涉及的交通、文化、商业、教育设施及其他市政条件，如果正在规划或建设中，应当在广告中注明。

另外，房地产广告不得利用其他项目的形象、环境作为本项目的效果，不得含有升值或投资回报的承诺，不得含有装饰内容。

自从该规定颁布后，房地产商怕违约担责任，所以其后的广告不再有"买楼送车位、买楼送电器、买楼送家具"之类的内容，而是遵守"朦胧就是美"的原则，这样房地产商就让自己可进可退，所以大多采用"邻近名校、交通便利、田园风光、高贵典雅"等含糊词语，或让销售人员口头吹嘘一些优惠和特色，让投资者信以为真，欣然签约。投资者在合同履行时才发自己上当受骗，却又无法拿出真凭实据去维权。

2.1.3　如何才能避免房地产虚假广告的陷阱

不能让房地产广告左右了你买房的意愿。不管房地产商打出什么样的广告，作为投资者都应该明白，你需要的是什么样的房子。无论房地产商把他的房子美化成什么样子，你都要实地考察一下，把房子的格局、结构、房屋质量、配套设施、周边环境、大体景观、交通条件等进行详细了解。最后，才决定到底是否真的要买这套房子。

有些人比较感性，因为一时冲动签了购房合同，就是因为售楼小姐几句诱人的广告标语。冲动是魔鬼，冲动之后就是后悔。但后悔也没有用，房子不是衣服，几百元钱的东西，买了不喜欢可以不穿，也可以送人或扔掉，房子可是几十万元或上百万元的奢侈品。如果买到不好的房子，转卖出去也是相当困难的。

虽然《房地产广告发布暂行规定》颁布后，旧有的欺骗行为少了，但欺骗行为在不断翻新，并且层出不穷。

例如，青岛某郊区花园的宣传单上，明明用醒目地字写着：凡购房者均可办理本地户口。这对于许多想落户青岛的人来说是一个不小的诱惑。但实际情况是，房子买下后，户口办不下来。李女士就碰到这样的倒霉事，购房6年了，户口依然是个未能实现的梦。

要想避免房产虚假广告的陷阱，投资者要注意以下三点。

第一，自己或委托朋友进行现场考察，核实其内容。

第二，认真仔细查看与"商品房预售许可证"共同使用的设计图，对比与房产广告的内容是否相符。如果房产广告中称小区有300平方米的商场，投资者应该在设计图上找，如果有，才可能是真实的。

第三，认真研究"商品房预售合同"的内容。在签订"房地产认购书"和支付定金前，可以要求提供空白预售合同书，以核实广告中承诺的内容是否包含在内。

2.2　正确识别假热销的技巧

"热销渐欲迷人眼"，各地楼市频繁出现的热销已经令人迷惑，哪些是真正的热销，哪些是人为制造出来的"假热销"，这可能是购房人最为关心的话题。

如何识别真假热销呢？下面来详细讲解一下。

2.2.1　认购时间看长短

大部分楼盘上市之前都有一个内部认购阶段。所谓内部认购，是指期房项目在尚未获得预售许可证的情况下，先行对楼盘进行购买资格的认证，这种认证的方式同经济适用房的"倒号"类似，虽然曾被主管机关明令禁止，但至今仍十分流行。

从内部认购判断楼盘是否热销是较可靠的方式。买房人可以根据内部认购时间长短和认购期所结识的客户之间的信息交流进行判断。一般情况下，楼盘项目的内部认购时间越短，造假热销的可能性越大。从 2011 年青岛房地产市场的情况来看，上市楼盘内部认购的时间有逐渐缩短之势，三天、两天，个别项目甚至只有一天。

如果一个新楼盘经过较长时间的内部认购，就会有较多数量的客户积累。这种情况下，想买房的人可以通过网上社区准业主论坛了解项目的详细情况，特别是其他准客户对楼盘的评价反映，从中即可了解到大部分买家对该楼盘的兴趣程度。

对于内部认购时间较短的楼盘来说，判断是否热销则有很深的学问。市场上经常可以看到，内部认购时间越短的楼盘，排队的人越多，楼盘好像更热销，这其中多数有诈。除非性价比极突出，或位置的独特性极具吸引力，否则排队者中一定有相当部分是"托儿"。

2.2.2　莫中"雇托炒房"计

新楼盘雇"托儿"炒人气，制造"假热销"现象已经很普遍。即便是一些确实热销的楼盘，雇"托儿"的现象也很常见。楼盘热销如图 2.3 所示。

当你辛辛苦苦地起了个大早儿，赶来排队，也确实排在了认购队伍的前列，但被告知房号已经被认购完了，这时你千万要留神，因为你不仅遇上了假热销，还可能遇上了"雇托炒楼"的开发商。这种事，无论谁知道了底细，都会搓火。

"雇托炒楼"现象绝非偶然。从早期的外销房，到之后的一些高档住宅以及近期的小户型楼盘，炒房已是再普遍不过的现象了。开发商在内部认购或者是销售阶段，先给予"托儿"们认购权，而后迫使真正的买房人花更高的价钱从"托儿"的手中买认购权或房屋，而价格高出的部分将由开发商和"托儿"们按照一定的比例进行分成。

图 2.3　楼盘热销

实质上，"雇托炒楼"同样是营造稀缺房源的一种手段，只不过其目的不仅在于营造一个热销的印象，更要制造出"楼盘遭到抢购"的假象，这不仅有利于开发商获得更高的利润，而且还会给买房人造成相当程度的心理压力，使其做出非理性的判断和购买决策，从而使开发商有机可乘。

当你发现来得很早，而"房号"或"房子"却已经被他人"抢购一空"了之后，接下来的情况一定是这样的：售楼人员会告诉你，你想要的户型或者朝向的房子已经被别人认购了，不过，如果你真的想要的话，还是有商量的余地，当然是要付出更高的价格。遇到这样的情况，一定要冷静，你千万不要草率做出决策。

2.2.3　电话预约断真假

通过售楼处穿梭不停的人流来营造"热销"的气氛，是开发商在楼盘开盘后经常使用的手段。当然，我们不能说所有"人多"的售楼处都是造假，不过，你可以通过一个简单的手段来识别售楼处热销的真假——电话预约。

你可以拨打某一项目售楼处的电话，向售楼人员提出某一天去看房，如果对方爽快地答应，那么应该没什么问题。如果售楼人员没能答应你的预约，而是希望你在某一特定的日子去售楼处看房，那么你该留神了，这可能是楼盘销售的现场控制。

销售现场控制是楼盘销售极为重要的一部分，与内部认购制造"假热销"的原理相同，开发商希望把看房的人都集中在某一天，这样，售楼处的人流就会呈现"川流不息"的感觉，所有来现场看房的人都会认为这个楼盘正在热销中，自己要抓紧时间购买，这种心情一定会影响你理性的购房决策，从而再次让开发商有机可乘。殊不知，一周之内，开发商只在一天或两天对外接待买家看房，如果你着急买了，则中了开发商现场控制的计策。

2.3　正确识别口头承诺的技巧

虚假的宣传、故吹乱侃，可以说是房地产市场销售的通病，这是急功近利的一种表现。具有投资经验的投资者会发现，房地产商的很多承诺是难以兑现的。

2.3.1　起步价不是均价，也不是销售价

起步价，又称起价，是指某物业各楼层销售价格中的最低价格。多层住宅，不带花园的，一般以一楼或顶楼的销售价为起步价；带花园的住宅，一般以二楼或五楼作为销售的起步价。高层物业，以最低层的销售价为起步价。房产广告中常标"×××元/平方米起售"，以较低的起价来引起投资者的注意。

均价是指将各单位的销售价格相加之后的总数除以单位建筑面积的总数，即得出每平方米的均价。均价一般不是销售价，但也有例外，如某高层物业推出的"不计楼层、朝向，以 7600 元/平方米统一价销售"，即以均价作销售价，也不失为引人注意的营销策略。

销售价是指单套住宅每平方米的价格，也是你签订合同时实际成交的价格。

几乎所有营销行业都有"起步价"，只有房地产的起步价让绝大多数消费者深恶痛绝，所以有人说房地产业的起步价不是价，原因有三点。

第一，几乎所有房地产的最后成交价都高于起价 1000 元/平方米左右；个别房地产的最高成交价甚至是起价的两三倍，对于房地产这样的大件商品来说，这么大的价差是难以让人接受的。几乎所有的房价都是开发商自己定的，其中价格水分与上下幅度都有相当多的人为因素，让人无法了解其中奥秘。

第二，绝大多数房地产项目在广告中所标起价的户型都是"已售完"的，这让那些看到广告第一时间赶到的投资者大有上当受骗之感。

第三，对于那些最终以起价成交的房地产，投资者也会发现那些房地产都是有问题的房地产。

2.3.2　样板房的诱惑

大多数楼盘都有样板房。在我们参观的样板房中，每个家具、每件装饰都是那么

恰如其分；我们身临其中的空间，总是比我们想象得要宽敞通透明亮一些；当我们站在样板房里向外眺望时，外面的景观总是那么优美，视野几乎没有什么阻挡。那些清澈的玻璃、剔透的镜子以及典雅的灯光，仅仅只是装饰？在五光十色的样板间里，一个购房者应该怎样从光鲜的外表中，捕捉自己真正想了解的信息呢？样板房如图 2.4 所示。

图2.4　样板房

1)　样板房里"捡"到鞋柜

小李看完样板房以后，发现自己买的房子和样板房是同一种户型，但是两者的格局并不完全一样。区别就在于样板房的入门处多了一个鞋柜，而在他所买房子的相同位置，却是一面承重墙。要知道，业主在装修的时候是不能拆移承重墙的。于是小李就向开发商提建议，要求在墙体上挖出一个鞋柜的空间。

实际上，提出相同要求的不止小李一个人。买了该户型的大部分业主在参观完样板房之后，都提出了类似的要求。由于该户型面积不到 90 平方米，所以一个鞋柜的空间也就显得格外珍贵。这可难坏了开发商，因为这几幢楼基本上都已经封顶了，原先这面墙宽 1.6 米，可视对讲机等很多设备的管线都已经埋进了墙内，现在要腾出一个鞋柜的空间，就必须拆除部分墙体，把墙宽改到 1 米左右。这不仅要求在技术上寻找可行的方法，而且意味着必须追加一笔不小的投入。

最后，开发商还是采纳了业主的意见，根据每个业主的需求，对每一套房子逐一进行修改。这让小李非常开心，他早就想好了，墙体做了修改以后，不仅可以多出鞋柜的空间，而且还能够让厨房多出一个储物柜的空间，因为挖掉的墙体另一面是朝着厨房的。

对于开发商来说，样板房是极具"杀伤力"的销售道具。房地产开发商不惜重金搭建样板房，作为该物业的直观"形象代言人"，最大目的就是让购房者产生购房冲动。作为购房者，在参观样板房的时候，千万不能光顾着兴奋，而应该像小李那样仔细观察对比，样板房和自己所买的房子是不是有不一样的地方，努力争取购房者的权益。

不可否认，不少人的购房动机就是来源于漂亮的样板房，但仅仅依靠看样板房获得的第一印象就"拍板"，也容易陷入片面选择的购房误区。因为样板房在精致的装修掩护下很难反映房屋的真实情况。所以，我们应该仔细想想，打动我们的样板房都是什么样的？

2)　特制家具摆出宽敞空间

样板房的装修费用一般可达到房屋自身价值的 30%～50%。在装修材料的选择上，不惜重金进口最新材料。配套设施应有尽有，每个家具、每件装饰都恰如其分。可是当购房者摆入自己选购的家具时，却发现空间突然变得拥挤起来。

原来，样板房都是经过设计师的精心设计，比如多边角的房屋开发商会用角柜、弧形墙面等来过渡不合理空间。其中，有一部分家具是设计师为样板房量身定做的。这些特制的家具通常比正常规格要小一些或者低一些，从而使房间的布置显得完美，空间显得宽敞。但是，大部分交付使用的商品房需要消费者自己去购买家具，如果你的装修预算并不充裕，则无论如何不可能产生像样板房那样的空间效果。

因此，在参观样板房的时候，不要只注重外观所带来的视觉美感，也要注意家具的尺寸是否符合市场的规格。

3)　镜子魔幻屋更显通透

样板房总是能把玻璃和镜子用到极致，那种通透感可能正是你要追求的，因为感觉光照好啊。可是你有没有想过如果这里原本没有玻璃，又是什么效果呢？这点房产商自己最清楚，原来实际的房子其实没有你现在看到的那么大，光线没有现在那么好。怎么办呢？设计师说了，用玻璃啊，再加上镜子，这样看房者的眼睛就花了。也许你会说，用玻璃和镜子装饰一下也没什么不好呀？是没什么不好，起码好看。但现实是，在玻璃和镜子前你还能放什么东西呢？样板房里的几样家具，其实完全不能满足你生活的实际需要，玻璃和镜子帮你放大了眼睛看到的空间，同时减少的是你的实际所需空间。

4)　多留意样板房里的灯光

张小姐三个月前经过一建筑工地，楼房还在施工中，从外面根本看不出一点端倪。然而楼盘旁边临时搭建的样板房却吸引了她的目光。用木板和玻璃搭建起来的样板房虽小，但里面在阳光和灯光的配合下，小公寓显得宽敞明亮，很合张小姐的心意。于是，她开始计划购买这里的房子。三个月后，张小姐打算去此楼盘售楼部询问详细资料以方便购买时，从已经显露出来的楼房部分外观发现，原来样板房展示的独立在外的阳台，左右两侧变成了两堵"顶天立地"的墙，室内顿时暗了不少，需要在客厅增加大量的光源才能达到原来的效果。

对于比较暗的居室，设计师往往会通过使用大量的灯光，来营造一个光亮的室内环境，而日常生活中一般是不需要用到那么多的光源的。因此，在参观样板房的时候，应该观察门窗的采光度，而不是单从室内的光亮度来判断。

2.3.3　花园中没有花

现在很多楼盘都称作"某某花园"，在销售时的讨价还价中，很少有人会关心花园中是否有花。但入住时，业主们会发现，原来花园中根本没有花，个别楼盘甚至连草都没有。其中，即使是有园林的房产项目，也会因持续开发而在相当长的时间内做不好园林。所以，"花园中没有花"已成为业主嘲笑开发商的话。

2.4　期房买卖的技巧

投资者在购买期房时，一定要当心。期房虽然价格相对较低，但其中充满了风险。下面来举例说明。

前段时间，张先生被某楼盘的大幅广告所吸引。该开发商开发的大型楼盘虽然位置有点偏，但每平方米仅 3000 多元的价格实在是太诱人了，70 多平方米的二室一厅总价才 20 多万元。

更让人心动的是，因为是新楼盘，开发商还打出一系列的"内部认购期"优惠，越早下定，越能享受更多的"折上折"优惠，还有机会获得家电、旅游等大奖。

星期天，张先生与女友一起到该楼盘看个究竟。他们看中的一套 72 平方米的二室一厅，加上各种折扣和优惠，才 23 万元左右，并且楼层和房间朝向也相当不错。

销售人员帮他们算出首期支付 20%，不到 5 万元，并且月供也就 1000 多元，压力不重。

当时售楼处人气极旺，销控表上一片飘红，销售人员不停地鼓动说："这么好的房子，又这么便宜，再不买就被别人抢走了！"

张先生心中涌起一股冲动，就想当场定下来，还是其女友较冷静，悄悄把他拉到一边，然后说："怎么会这么便宜，该楼盘不会有问题吧？还是回家上网查查或打个电话咨询一下为好。"

还好，他们一打电话，购房专家就来到了售楼现场，他带着张先生到售楼部前台，然后对着售楼工作人员说："请问你们的预售证放在哪里？让我们看看行吗？"

售楼工作人员一听，先是说预售证放在别处，后又说："反正我们现在是内部认购期，有没有预售证都无所谓。我们集团这么大，您还信不过吗？"

张先生一听，有道理。但购房专家提醒他，按照《商品房销售管理办法》规定：商品房预售实行许可制度，不符合预售条件的，房地产开发企业不得销售商品房。不具备预售条件的房屋是不允许被发售的。

如果买了没有预售条件的房子，日后出了问题，投资者将得不到法律的保护。

购房专家还说：按有关规定，如果开发商隐瞒真实情况擅自预售，使投资者权益受到侵害，可以依据消费者权益保护法，由开发商予以赔偿。但如果开发商已如实告知未取得预售证的实情，投资者在已知情况下仍自愿交付定金的，其交易行为就是买卖双方的民事行为，政府不便强行禁止。因此购买期房一定要有风险意识。

2.4.1　什么是期房

期房是指房地产开发商从取得商品房预售许可证开始至取得房地产权证大产证为止，所出售的商品房。

习惯上把在建的、尚未完成的、不能交付使用的房屋称为期房。消费者在购买期房时应签商品房预售合同。期房如图 2.5 所示。

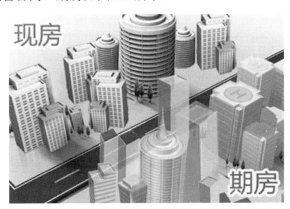

图 2.5　期房

期房在港澳地区称做作"楼花"，这是当前房地产开发商普遍采用的一种房屋销售方式。购买期房也就是购房者购买尚处于建造之中的房地产项目。

从工程的角度来说，期房则是从开发商拿地、做好项目设计方案以后一直到工程施工完成主体建筑之前，都属于期房。一般情况下，期房的价格较低，挑选余地较大，但由于是先付款后交房，因此购房消费的过程和结果要依赖于购房合同约定的权利义务的履行，而购房合同的履行，不仅受开发商自身经营行为的影响，还受到许多客观因素的制约。

我国实行商品房预售制度,特别是近年来房管部门提高了预售门槛。多层、小高层等楼宇封顶以及高层建至主体的三分之二才允许销售等,目的是规范市场、防范市场、防范楼盘烂尾的风险。

2.4.2 期房的风险

期房的风险主要表现为三点,具体如下。

第一,根据图纸买房,购房者看到的大多是户型的平面图、整个楼盘的效果图而不是实物,许多开发商将户型平面图做得简单而模糊,使得有关面积、户型、装修标准难以准确地进行判断,而楼盘的效果图则渲染得十分精美,造成对消费者的误导,如果在交房后与开发商宣传的差距较大则会造成损失。

第二,对于开发商的情况难以把握。如果开发商在建设过程中因为资金不足使工程停顿,或因技术实力不足造成建设质量的降低,以及在建设过程中擅自变更原来的设计或承诺,尤其是对小区的配套设施和环境绿化的变更等情况,都会给购房者造成巨大的损失。

第三,市场的行情和价格难以预测。在购房者与开发商签订合同并付款后,因为市场因素的作用,房价会产生波动,如果涨价则购房者受益,如果跌价则购房者会遭到损失。

2.4.3 期房的优势

虽然购买期房存在着相当大的风险,但很多投资者还是愿意购买期房,具体原因有四点,分别是先期预购,户型、位置利于选择;价格能给予较大的优惠,一般为5%~10%,甚至更多;付款轻松,随施工进度付款,一般分为三次;工程质量随时可见,便于监督和提出意见,如图2.6所示。

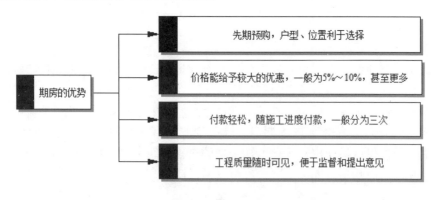

图 2.6 期房的优势

1)　先期预购，户型、位置利于选择

由于订的是未竣工的房屋，销售工作刚刚开始，开发项目的所有房型都有，朝向好的户型也在其中，购房者有了比较大的选择余地。

2)　价格能给予较大的优惠，一般为 5%～10%，甚至更多

开发商开发一个楼盘一般需要 1～2 年的时间，甚至更长。为了及时收回现款，对购买期房持极大的欢迎态度。

3)　付款轻松，随施工进度付款，一般分为三次

首次付款时间为取得预售证时，一般仅付 1 万～2 万元的定金和总房款 10%左右的首期房款；第二次付款时间是工程进行到一半时，付款额约为总房款的 60%；第三次付款时间为房屋已经完工或即将投入使用时，购房者将余下的款项付完，同时开发商将房屋交付给购房者，也可选择按揭付款。如果是一次性交付全款，可获得更大的优惠。

4)　工程质量随时可见，便于监督和提出意见

从付完定金的那一刻起，购房者就可以随时去观看工程进度，对于房屋结构、墙体构造、水暖电等设备管路、管线、接口这些建好以后不易观察的部分，这时都可一览无余。

2.5　正确识别"概念"房的技巧

运用"概念"炒作售房，是开发商常常运用的手法。面对花样翻新、动听诱人的各种新鲜"概念"，很多投资者常常误入其中，深受其害。

到底应该如何甄别"概念"的真实含义呢？如何做到在概念迷魂汤面前找到自己真正需要的房子呢？这需要投资者具备一定的购房常识。

下面先来看一个实例。

工作多年的张先生，原本想等一段时间再买房，可有一则售房广告吸引了他，具体内容是：超低的价格，五星级的住宅，白领精英一族理想的乐园。

张先生不知道五星级到底是何等质量标准，于是他利用星期天来到该售楼处进行实地考察。在考察过程中，并没有"五星级"的感受，看来"天上的星星数不清，地上的住房都好听"。

张先生到售楼处，询问销售人员："你们的星级有什么标准吗？通过部门认证了吗？"

销售人员支吾了半天后说："星级住宅是指我们造的住宅和其他开发商造的住宅相比，这个比较结果是由我们公司专家认定的。另外，在本公司建造的所有项目中五星级住宅是最优秀的住宅。"

此时，张先生恍然大悟，原来所谓"五星级"住宅，只是内部流通的概念。像这样滥用"五星级"，不知会骗多少人呢？张先生庆幸自己没有上当。

2.5.1 售房常见概念

为了吸引购房者的眼球，开发商常常制造"新概念"，具体概念可分四种，分别是创新概念、理念概念、字母概念和数字概念，如图 2.7 所示。

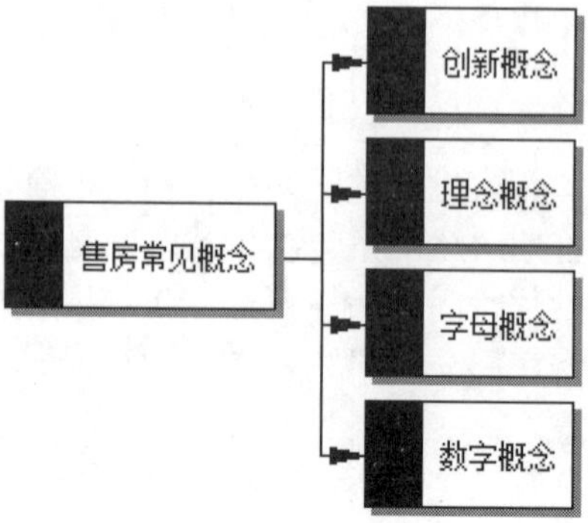

1) 创新概念

常见的创新概念有很多，如绿色光台住宅、智能化住宅、五维空间住宅、纯酒店公寓住宅等，这些概念到底是什么意思，也许只有等到交房时才会知道。

2) 理念概念

常见的理念概念也有很多，如社区运动公园、异国风情、健身娱乐会所等，不知购房者是被楼盘吸引，还是被新理念吸引。

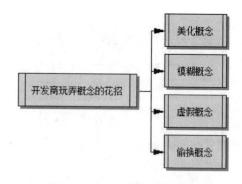

图 2.7 售房常见的概念

3) 字母概念

CBD、SOHO、LOFT、CLD、SOLO 等新字母组合，也许把它们的中文汉字一写出来，对购房者的吸引力就不那么强烈了。

4) 数字概念

如果说某项目距离某地 5 公里，你也许会觉得遥不可及，但要说是 5000 米，那么你就会有近在咫尺的感觉。

2.5.2 开发商玩弄概念的花招

房地产开发商为了鼓吹自己的楼盘，以抬高身价，往往会玩弄一些概念花招，具体有四项，分别是美化概念、模糊概念、虚假概念、偷换概念，如图 2.8 所示。

1) 美化概念

阳台被说成"落地观景阳台"，楼盘中的小假山被说成"社区运动公园"，小区边上的几棵绿树被说成"绿肺享受"。

2) 模糊概念

住院、公寓、酒店公寓、AAA 级住

图 2.8 开发商玩弄概念的花招

宅、智能化住宅等，它们到底是什么意思，谁能说得清楚。

　　3）　虚假概念

　　写明"一户一车位"，看似"买一户房子送一个车位"，实为"买了房子才可以买一个车位"。写明"高档电梯"，实为小厂产品，标明的档次虽高，但是性能不敢恭维。

　　4）　偷换概念

　　把正在征地拆迁说成已经"三通一半"；把正在办理《预售许可证》说成是已经开盘销售；把刚刚主体完工但尚未具备居住条件的房子说成现房、旺地旺销；把尚有大量空置房屋的项目说成是"热销空前""硕果仅存"。

　　开发商的目的是高价售房，所以，常常用概念炒作成为时下最常见的引诱顾客的手段。这些概念为楼盘遮盖了层层面纱，所以需要我们认真辨别。一定要搞清楚这些五花八门的概念到底是什么意思，看清楚什么是自己需要的，什么又是开发商可以真正提供的。

2.6　抵押房投资的技巧

　　下面先来看一个实例。

　　张先生在"五一"期间买的某楼盘的房子，但按揭一直办不下来。购房合同是 5 月中旬签订的，首期款已经付完，按照合同规定，30 个工作日内应该可以签约，然后去银行办理按揭手续。

　　7 月初，张先生到国土房管局交易中心查询自己的房子是否被抵押，果然不出所料，房子早就被开发商抵押给了某银行。这下可把张先生气坏了，因为卖楼的时候，开发商压根就没提房子抵押的事情，而且信誓旦旦地保证可以办理任何手续。

　　开发商卖抵押房是相当普遍的事情，特别是实力不强的中小开发商。银行和开发商总是绑在同一条船上，开发商需要银行的贷款才能维持房地产项目的顺利进行，而个人按揭贷款也是银行最稳定的收入之一，从一开始两者的利益就紧紧地连在一起，谁也离不开谁。

　　房地产开发商目前在银行抵押有三种形式。一是，用土地抵押贷款。二是，用建成的楼房抵押贷款。三是，用公开在售的商品房抵押贷款。

　　在这三种形式中，无论是哪一种形式，抵押给银行的房子，银行都拥有第一处置权，开发商没有权利去卖这些已经抵押给银行的房子。

　　从法律的角度看，如果开发商卖了抵押给银行的房子，实质上是在卖银行的房子，这种买卖是非法的，而合法的途径则是先还银行的贷款，解除抵押登记之后才能卖。

投资者要注意,由于开发商资金短缺才向银行贷款,所以先还贷款再卖房子,这对中小房产商来说这是不可能的。其实银行也知道开发商卖抵押房的事情,但因为银行本质上希望开发商早点卖掉房子,这样既可以收回贷款,也可以从客户的按揭中获得一笔收入,所以银行是不会阻止开发商卖抵押房的。

抵押房的产权是很清晰的,银行手中拿着抵押登记权属证明,如果开发商能够还款,风险当然为零。即使开发商不能及时还款,风险也只是转移到了投资者头上而已,从最坏的情况考虑,银行最后还可以拍卖房子来保证自己的贷款利益。

正是在开发商和银行的通力协作下,大量抵押房才可以光明正大地上市销售,而投资者如果不事先查询一下,很容易掉进抵押房的陷阱里。

所以,投资者在购买房子时,一定要注意抵押房的风险。如果开发商在收钱之后转作他用,没有还钱给银行,就是没有解押,那么和开发商签订的购房合同就是无效的,属于重复买卖,因而投资者对房子没有处分权。

> **提醒** 按照国家政策规定,抵押房是不能上市销售的。国土资源和房屋管理局必须在商品房预售许可证上注明哪些房子被抵押,并要求开发商要把原件置于售楼处显眼的地方,使投资者在买房时一目了然。
>
> 但是,上有政策下有对策,许多楼盘在卖楼时是不会把"商品房预售许可证"原件拿出来的,大部分用的都是复印件,而相关的抵押内容很容易被覆盖掉。
>
> 另外,由于"商品房预售许可证"目前是年审制,也就是说开发商可以在拿到证之前不做抵押,在办好证之后,开发商再去银行做抵押贷款,那么这栋楼是否被抵押,投资者是无法识别的。

2.7　正确识别大打折扣绿化率的技巧

随着人们生活水平的提高、环保意识的增强,人们对居住环境质量越来越重视了。购买房子不仅是为了栖身,更是为了营造健康、舒适、环保、安全的生活空间。居住环境中空气、噪声、交通等方面的情况就成为人们购买时所考虑的重要问题。

现在,许多房地产开发商,正是抓住了人们的这种心理,纷纷推出以"节能环保""青山绿水""超大容积"等商业炒作题材,等购房者入住之后才发现掉进了陷阱。

下面来看一个实例。

来青岛打工多年的李先生,小有积蓄。为了不再颠沛流离,他打算买一套房子。几经探查,李先生终于选中了位于郊区的某风景区的一处号称为大容积、低密度的"绿色家园"。

该风景区距离市区的车程不到 15 公里，交通也非常方便，风景很美。楼盘广告中"绿化率 56%，容积率 1.36，让你住进舒适的绿色家园"的承诺，最令李先生满意。

　　为了验证真假，李先生驱车特意到正在施工的楼盘工地，看到周围的群山和绿树，再看看开发商给出的小区规划图和绿油油的沙盘。李先生最终下定决心，交款买下了这套价格高了同类楼盘 20% 的房子。他认为，以后如要能够住在这么美丽的绿色家园，自己一定会灵感大发，再贵也值得。

　　两年后，李先生终于接到了收房通知，但等到他走进小区，他的兴奋心情一下子就不见了。

　　楼盘里面到处都是水泥地面，绿色少得可怜，沿着路旁稀稀疏疏地种了两排小树，树荫连树干都遮不住。

　　楼间距也不像沙盘上显示得那么宽阔，站在自家的房间里，就能够看清对面房间里面的一切。不用说，自己房间中的一切也被邻居一览无余了。

　　即使李先生和入住的许多业主反复找开发商要求解释，所得到的答案都不能让李先生满意。李先生真切地感到，自己上了"概念房"的当了。

2.7.1　什么是绿化率

　　绿化率是指项目规划建设用地范围内的绿化面积与规划建设用地面积之比。绿化率只是开发商宣传楼盘绿化时用的概念，并没有法律和法规依据。法律法规中明确规定的衡量楼盘绿化状况的国家标准是绿地率。

　　绿地率是指小区用地范围内各类绿地的总和与小区用地的比例，主要包括公共绿地、宅旁绿地、配套公建所属绿地和道路绿地等，其计算要比绿化率严格很多。

$$绿地率 = 绿地面积 \div 土地面积$$
$$绿化率 = 绿化面积 \div 土地面积$$

　　绿地率通常以下限控制，并不是长草的地方都可以算作绿地率，距建筑外墙 1.5 米和道路边线 1 米以内的土地，和地表覆土达不到 3 米深度的土地，不管它们上面是否有绿化，都不计入绿地面积。绿地率所指的"居住区用地范围内各类绿地"主要包括公共绿地、宅旁绿地、配套公建所属绿地和道路绿地等。公共绿地内占地面积不大于 1% 的雕塑、水池、亭榭等绿化小品建筑可视为绿地。

　　绿化率是一个不准确、不规范的用词，准确的提法应为"绿化覆盖率"。绿化覆盖率是指绿化垂直投影面积之和与小区用地的比例，相对而言比较宽泛，大致长草的地方都可以算作绿化，所以绿化覆盖率一般要比绿地率高一些。绿化率如图 2.9 所示。

图2.9　绿化率

2.7.2　识别绿色住宅陷阱

其实，人们意识中的绿色住宅的概念与真正的绿色住宅概念是存在一定差距的，恰恰是这一点，被房地产开发商所利用。

绿色住宅是指根据当地的自然环境，运用生态学和建筑学的基本原理及现代科学手段，合理安排并组织住宅建筑与其他相关因素之间的关系，从而使住宅和环境等成为有机的结合体。

绿色住宅是自然、建筑和人的和谐统一，是利用自然条件和人工手段来创造有利于人们舒适、健康生活的环境，同时还要控制对自然资源的使用。

目前，相当多的购房者由于对绿色住宅的概念弄不清楚，从而将"小区有绿地"看作是"绿色住宅"，从而一再落入绿化陷阱中。

据统计，60%以上的市民不了解"绿色住宅"的概念，他们在购房时，除了考虑房子的价格、位置外，也开始关注与自己有关的环境、水、环保、节能等内容，却没有真正理解"绿色住宅"的深层内涵，这就使那些善于炒作"绿色概念"的开发商有机可乘。

另外，还要注意开发商的另一个常设陷阱，就是鼓吹低容积率、低密度，这也是我们必须要明白的"美丽"陷阱。往往宣传的和实际所见的大相径庭，对此我们一定要睁大眼睛，深入实地了解，把相关内容标注在合同中，不要被开发商所玩弄的文字游戏和概念陷阱所迷惑，才能买到自己真正满意的房子。

第 3 章

商品房投资的技巧

很多人看到房价涨了，觉得自己上班辛辛苦苦好多年还不如炒一套房转手一卖赚得多，于是也忍不住加入了炒房的队伍。殊不知炒房是一个很专业的活，一不小心就被套。因为房子变现手续复杂、税费繁多、周期很长，碰上调控，或者你的眼光不准，就很难脱手，最后只能被动地"炒房炒成房东"。积压了资金，耗费了时间，影响了工作，最后心力交瘁，得不偿失。本章首先讲解如何挑选商品房及商品房投资的五种方式，然后讲解开发商的炒作四法和投资者的应对四法，接着讲解商品房投资成功的技巧，最后讲解如何挑选二手房和二手房投资的陷阱、防范技巧。

3.1 如何挑选商品房

我国的商品房经过 20 多年突飞猛进的发展，已经比当初有了质的飞跃，从最初的仅能满足吃喝拉撒最基本需求的"有其居"演变成今天集居住、工作、娱乐、社交于一体的"优其居"。

随着城市化进程的加快和人们工作生活的需要，人们对商品房的需求量逐渐增加。拥有一套自己的住房是很多人的梦想，然而购买房产是人们生活中很昂贵的一种消费行为，可能要花费一辈子的积蓄。因此购房选择正确，能够节省大量资金，甚至取得高额回报；选择失误，则会带来无穷无尽的烦恼。到底该如何挑选商品房呢？下面来详细讲解。

3.1.1 挑选商品房的原则

挑选商品房的原则共有四项，如图 3.1 所示。

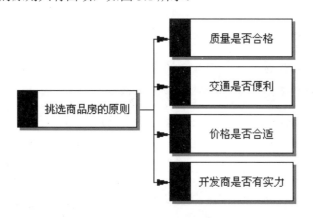

图 3.1　挑选商品房的原则

1)　质量是否合格

商品房作为一种特殊的商品，其好坏也应符合一般商品的评判标准，即质量是否合格。但是目前市场上出售的商品房大多是期房，所以投资者在挑选住房时还无法像挑选其他商品那样非常直观地查看、鉴别其物理特性，通常只能根据开发商提供的房屋平面图和各种数据，从房屋的户型设计、功能划分等方面进行挑选。

适合的住宅户型是以"室"来划分的，"室"一般是指居住建筑中的居室和起居室。通常来说，住宅中不小于 12 平方米的房间称为一个"一室"。目前各房地产公司推出的主打户型多为两室一厅、两室两厅、三室两厅等几种户型，面积一般在80～

150 平方米之间。购房者在挑选房屋时切莫一味求大求全，如果是为自住而购房，应着重考虑自家的人口数和经济实力。

合理的功能分区主要是指动静分区。一般来说，起居室、餐厅和厨房是住宅中的动区，它应靠近入门处设置；卧室是静区，它的位置应比较深入；卫生间设在动区与静区之间，以方便使用；同时室内交通线应尽可能便捷。

舒适的空间尺度为了保证楼房尤其是住宅有充分的采光和日照，依照有关规定新建多层住宅平行布置的建筑间距，应为其前部或南部建筑高度的 1∶1 到 2∶3；并列建筑山墙之间应不小于 6 米。对于房屋的层高，有关专家建议，2.8 米的层高才适宜居住。

2)　交通是否便利

无论在何处购房，交通都是必须要考虑进去的重要因素，即便有私家车，道路条件好、进出方便、有停车位也才能物尽其用。不过对于大多数购房者来说，考虑的交通问题主要是这里的公共交通是否方便。位于主要交通干道附近的居住小区，交通相对比较方便，这样购房后的交通成本也就不会太高。

3)　价格是否合适

投资者在购房时，要广泛撒网，然后重点跟踪几个重要的楼盘。特别是当开发商为了加速资金周转，不惜以接近成本价甚至以成本价进行促销时，投资者一定要敢于果断出手，抓住机会，购买升值潜力大、质量有保证、价格低廉的楼房。

4)　开发商是否有实力

投资者在购房时，更应对房地产开发商进行多方了解，比如开发商具备不具备房地产开发经营主体资格、商品房建设项目是否合法、土地使用有无批件、开发商资金实力如何、是不是靠预付款来维持工程进度等。总之，一定要挑有信誉的开发商，以减少售后之忧。

3.1.2　认真考察商品房的环境

居所内外环境品质的提高更是体现居住质量的核心所在。只有在好的、高品位的小区之中，所谓的佳居才会物有所值。买房考察环境一般是指"近看小环境、远看大环境"，如图 3.2 所示。

1)　小环境

小环境是指楼群和小区环境，例如小区是否是封闭式小区、物业管理水平如何、绿化覆盖率是多少、配套设施如何、居住者文化层次如何。

封闭式小区入住后，安全性和私密性更高，比不封闭小区要优越。物业管理现在已经较为普及，一般来说，专业的物业管理公司要比衍生出来的物业管理部门能力强。

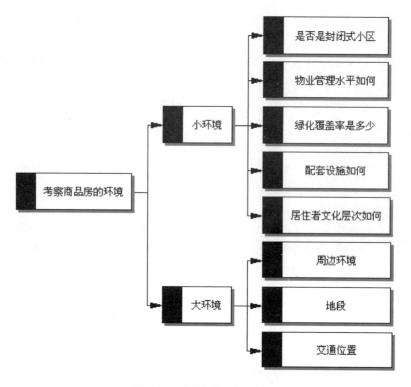

图 3.2 考察商品房的环境

绿化覆盖率是用绿化面积除以建筑面积。绿色令我们有回归大自然的感觉，小区内如果有较好的绿化，就会形成园林式小区，现在绿化面积的多少已成为衡量小区档次的一个重要标志。

配套设施包括商店、药店、运动场、健身设施等，高级的有网球场、娱乐厅等，如果小区规模大，还应该有幼儿园、小学、大型超市、公共汽车站等。

另外，小区内的居民还要有相当的文化层次。俗话说："百万买房，千万买邻。"邻里关系、文化氛围也是一种环境。

2) 大环境

大环境是指小区所处的周边环境、地段、交通位置等。

大环境的考察主要包括：是否靠近宜人的风景点，如公园、大山、大海等；是否靠近大学等文化气氛浓厚的单位；附近是否有集贸市场或商业区；交通是否便利，是否靠近公交站、是否有主要干道通过等。

另外，还要考察该小区附近有没有污染源，如不能靠近有烟囱的工厂、不能紧邻噪音较大的交通主干道等。

> **提醒**　一般情况下，老年人多选择靠医院较近、便于就医看病的城区或郊区地段，那里有利于老年人生活起居。青年人多选择城中闹市区的黄金地段，那里便于互相之间交往及上下班。有小孩子上学的家庭大多选择靠近学校的地段，以便于孩子就近入学。当然，还要根据购房者各自家庭的经济实力而定。

3.1.3　挑选商品房的技巧

一般情况下，在确定购房前大都会实地考察一番，以免因为买下有缺陷的住房而带来遗憾。挑选商品房的技巧，如图 3.3 所示。

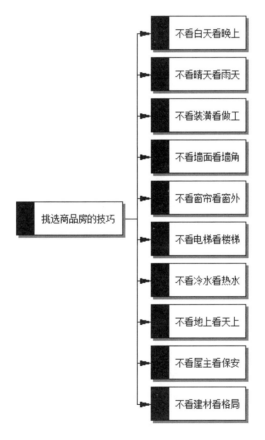

图 3.3　挑选商品房的技巧

1)　不看白天看晚上

入夜后看房，能考察小区物业管理是否安全、有无定时巡逻、安全防范措施是否

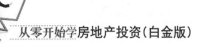

周全、有无摊贩等产生的噪音干扰等。这些情况在白天是无法看到的，只有在晚上才能得到最确切的信息。

2) 不看晴天看雨天

下过雨后，无论房屋进行过怎样的装饰，都逃不过雨水的侵袭，这时房屋墙壁、墙角、天花板是否有裂痕，是否漏水、渗水，就能一览无余。尤其要格外留意阳台、卫生间附近的地板，看看是否有潮湿发霉的现象。

3) 不看装潢看做工

好的装潢都会让人眼前一亮，有时高明的装潢可以把龟裂的墙角，发霉、漏水等毛病一一遮掩。因此，必须要注意做工问题，尤其是墙角、窗沿、天花板的收边工序是否细致，这些地方往往容易被忽视。如果发生问题，对这些细小处进行修缮是很麻烦的，挑出这些小毛病，可以增加讨价还价的筹码。

4) 不看墙面看墙角

查看墙面是否平坦，是否潮湿、龟裂，可以帮助购房者了解是否有渗水的情况。而墙角相对于墙面来说更重要，墙角是承接上下左右结构力量的，如发生地震，墙角的承重力是关键，如墙角出现严重裂缝时，漏水的问题也会随时出现。

5) 不看窗帘看窗外

为了掩饰房屋的朝向、采光、遮挡等问题，故意用窗帘做道具，这时就要打开窗帘，注意房子的通风状况是否良好，房屋是否有潮湿、霉味，采光是否良好，前方是否有遮挡。检查一下房屋的窗户有无对着别家的排气孔。

6) 不看电梯看楼梯

许多二手次新房大都是电梯房，电梯的功能固然重要，但楼梯也不容忽视。看一下是否有住家的堆积物、消防通路是否通畅，这对日常生活也很重要。

7) 不看冷水看热水

如果想要知道水管是否漏过水，可以看水管周围有没有水垢。检验浴缸时，要先打开水龙头，看流水是否通畅，等到蓄满水后再放水，看排水系统是否正常。如果房子没有热水供应，一般有两种情况，一是已经很久没人住了，二是可能卖了很久都没卖出去。

8) 不看地上看天上

除了看客厅的地板、浴厕的瓷砖、厨房的墙壁外，还要看看灯饰的路线，看一下天花板是否有水渍，或漆色是否均匀等现象。如果有，表示有可能漏水。可能的话，不妨带上螺丝刀，卸下灯具，打上手电筒，看一下吊顶四角是否有油漆脱落、漏水等现象。

9) 不看屋主看保安

可以和小区管理员或保安聊聊天，因为他们是最了解该小区基本状况的人，有时甚至比业主更能客观、准确地告知买家房屋的相关情况，从他们口中获得所需要的信息，有时还能成为买房与否的决定性因素。

10)　不看建材看格局

购买商品房时最好是看空房子，因为空房子没有家具、家电等物遮挡，可以清晰地看到整个房子的格局。比较理想的格局是，打开大门先进入客厅，然后是餐厅、厨房、卫生间，再到卧室。如果客厅的门直接面对卧室，则私密性较差。各种功能区最好能有效区分开来，如宴客功能、休息功能等。

3.2　商品房投资的常见方式

商品房投资的常见方式共有五种，分别是炒楼花、以房换房、以旧翻新、合建分成、以租养租，如图 3.4 所示。

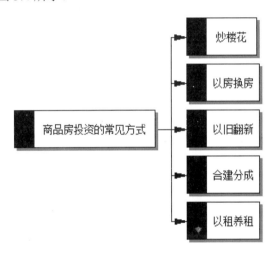

图 3.4　商品房投资的常见方式

3.2.1　炒楼花

楼花，即未完工的商品房，也称期房。"炒楼花"是指炒家在楼盘落成之际，只交很少的订金，订下一套或多套房屋，之后转手卖给别人，套取高额订金，从中赚取差价。

运用炒楼花这种操作手法时应注意：洞悉本地房地产的走势和行情是成功炒楼花的前提，看准具有升值潜力的楼盘是成功卖楼花的关键。

老张就是靠卖楼花赚了大钱的人，他以前是一名公务员。1999 年辞职下海去了海南省，从会计到产品推销员从事过多种行业的工作，最后到了一家房地产公司做售楼业务员。

通过几年的售楼经验，他明白了一个道理：买楼花可以赚大钱。当时，海南多层住宅供不应求，往往楼花一经推出，即能出售，买楼花卖楼花炒风炽热，多次转手楼花售价都升一大截。这种现象吸引了不少投资者抢购楼花，炒卖得利。老张在售楼处工作，自然可以近水楼台先得月，他将几年的积蓄全部拿出来买了两套楼花，不久楼花价格飙升，他卖出赚了一笔钱。

此后十几年，他不断低买高卖楼花，赚了一大笔钱，辞了售楼处工作，自己成立了一家房地产投资公司。此后他觉得北京申奥，亚运村楼花可能升值，又在亚运村附近买了两栋楼花，卖出后现在他的资产已达千万元以上了。

买楼花，卖楼花，炒楼花。请记住，一切与房产有关的东西，都是比较容易赚大钱的，而且赚钱的速度也非常快，中国的房地产不知催生了多少百万富翁、千万富翁，甚至亿万富翁。特别是 20 世纪 90 年代前期，只要你有胆量，拿个几万元钱跑到上海、海南等地，也可以炒房卖房，很多人回来后就是千万富翁哦！

3.2.2 以房换房

下面来看一个例子。

在青岛工作多年的张先生，在 2010 年买了一套 76 平方米的"小二居"，结婚后就把父母接到了青岛。

张先生这套房子位置不错，楼层也不错，但房子没有电梯。张先生的父母都有不同程度的关节炎，上下楼非常不方便。张先生看在眼里疼在心里，于是有换房的想法，即想在青岛郊区换一套大一点的，有电梯、环境好、适合老人居住的房子。

经过一层层的筛选，张先生终于看中了一套三居室的房子。经过初步商谈，张先生愿意加 16 万元跟对方换房。刚开始对方不太愿意，但是考虑到张先生的房子在市区，楼层也好，于是就答应了。其实对方看中的是住在张先生的房子里自己上班方便，可以节省下来很多时间，从而创造出更多的价值。

就这样，没过多久，张先生就把父母接到了有电梯的大房子里，一家人欢天喜地。

另外，以房换房还可以节省下一笔交易费。一般情况下，将一套 50 万元的房子跟一套 100 万元的房子进行交换，所需要的手续费为 4 万元左右。但如果购房者通过正常渠道买卖这两套房子，则需要花费 7 万元左右的手续费。

还有一些投资者，由于具有较强的洞察力，当他看准一处极具升值潜力的房屋时，在别人尚未意识到之前，以优厚的条件、采取以房换房的方式获取该房屋，等时机成熟再予以转售或出租，从中获利。

3.2.3　以旧翻新

以旧翻新，是指把旧楼买来或租来，然后投入一笔钱进行装修，以提高该楼的附加价值，最后将装修一新的楼房出售或转租，从中赚取利润。

采用这种方式投资商品房时，要注意尽可能选地段好、易租售的旧楼，例如学校、集市附近的一居室等。

另外，在装修布局之前，一定要结合地段经营状况以及房屋建筑结构，来确定装修之后的房屋的使用性质以及目标顾客，切忌盲目。

3.2.4　合建分成

合建分成就是寻找旧房，拆旧建新，共售分成。这种操作手法要求投资者对房地产整套业务相当精通。这种手法如果操作得当，可以玩"空手道"。

目前不少房地产开发公司也都采用这种方式开发房地产，只是规模较大，另外在合建方式上存在多样性。

3.2.5　以租养租

以租养租就是长期租赁低价楼宇，然后以不断提升租金标准的方式分期转租，从中赚取租金差价。

以租养租这种操作手法又叫当"二房东"。有些投资人，将租来的房屋转租，获利相当丰厚。如果投资者刚开始做房地产生意，资金严重不足，这种投资方式比较合适。

毕业生小陈在北京海淀区西小口长租了一套 90 平方米的三居室新房，长租的成本为每月 4800 元，2014 年 4 月，她将闲置的两个房间的信息发布到了租赁网上，第一个月试水就收回了整个房子的房租成本，到 6 月，两个房间的短租整体收入更是接近万元。

小陈说："现在，我可以一边上班一边当房东了。每天我都打开租赁网的房东端APP，只要有用户咨询都会提示我。然后我就利用手机或电脑和房客沟通，轻松实现收益。"

不是每种生意都是稳赚不赔的，影响短租生意好坏的也有多个方面的因素。一是房子的地理位置，是否交通方便，是否靠近地铁站或公交车站等；二是房子的周边配套是否齐全，如果靠近大型医院、学校、商业区、旅游景区等则会有锦上添花的效果；三是房子的实际情况，小区物业是否成熟，内部装饰是否干净、温馨等。

3.3 破解开发商的"迷魂大法"

凡人数众多，争相抢购的楼盘，必有过人之处，值得关注。不过，身处其中时切记保持冷静，这时与房产商斗智斗勇的过程，最考验人的自制力和判断力。

我们假设一下下面这种情况。

2015 年年底，经过反复挑选比较，你终于将眼光落在某个楼盘。

该楼盘的售楼小姐的介绍让人热血沸腾：虽然开始内订才几天，但已经有许多人提着一捆捆的钱来订房子了。她拿出一张涂满各种颜色的楼层户型图告诉你，红颜色的户型已经被订走了，绿颜色的户型虽然订了，但还没有交订费，你还可以在那些没有颜色的户型中挑。一眼望去，那些可挑的户型要么是最高价，要么是楼层最差的。见你犹豫不决，售楼小姐自言自语：不要没有关系，但明天你再来，恐怕连这些都不一定有。

当你指着一个涂着颜色的户型表示感兴趣时，售楼小姐像想起来似的说：这个户型的预订者好像想换房，你要的话，可以为你争取。这架势，顿时让自己觉得若不下决心，将会失去自己中意的房。可订金要 20 万元，手头没那么多现金。售楼小姐说，没有关系，先付 1 万元，余下的明天我们可以上门来提。第二天付费时，售楼小姐传达的消息更令人振奋：一月后开盘，所有房价每平方米将上升 200 元。

然而，过了三个月，却发现楼盘非但没涨，售楼小姐所说的那些已经售出的户型，也都赫然在可供客户挑选之列。

一种上当受骗的屈辱感油然而生，不是因为钱，而是智商受到羞辱。看楼盘前，你已经反复推敲了可能出现的情况，自信有足够的理智来进行反推销，然而一遇上售楼小姐的巧舌如簧，还是像中了蒙汗药，将钱从口袋里乖乖交出去了。

面对狡猾的对手，只有拿出非常手段来捍卫自己的尊严。还好，最后终于获得全额退款，将损失控制在零点上。

3.3.1 炒作四法

许多楼盘都是由行销公司策划销售方案的，销售手段都大同小异，总结起来有以下四点，分别是提前亮相法、排队造势法、限时抢购法、涨价诱惑法，如图 3.5 所示。

1) 提前亮相法

在正式销售前，先声夺人，大造舆论，并用提前预订、发放认购证等手法收集客源，让一个月甚至几个月积累的客户集中在开盘那几天来现场，场面自然十分热闹，造成哄抢态势。

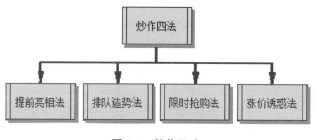

图 3.5 炒作四法

2) 排队造势法

让预订的客户在同一天到楼市签约，并且是谁先来谁优先挑房，自然形成排队场面。如果没有那么多的客户源，就在建筑工地附近拉一些民工充数。你会发现有些楼盘前排队的民工都互相认识，而且还有穴头组织呢。

3) 限时抢购法

以开盘购房打××折，或者送空调、送装修为诱饵，并加上时间限制，让购房者为这点小利而头脑发热，短时间内仓促决定。

4) 涨价诱惑法

以每过一个星期上涨多少百分点，或者一个月后会涨价为诱惑，鼓动购房者趁早下手。一些原本还在犹豫观望的人唯恐踏空，往往会匆忙签约。

3.3.2　应对四法

知己知彼，才能处于不败之地。如果你了解房产商的招数，吃亏的概率自然就小。下面讲解一下应对四法，即摸清底细法、货比三家法、打入内部法和谨慎签约法，如图 3.6 所示。

1) 摸清底细法

事先对开发商的资质信誉有所了解，最好能了解一下该开发商以前建造的楼盘。一般来说，品牌开发商的楼盘不会有太多的后遗症。

2) 货比三家法

对周边楼盘的开发规划、价格、房型也要打探清楚，明确你目前要买的楼盘确实具有的优势，如果预期的房子没有得到，迅速做出是否出局的判断，在其他地方找机会。

3) 打入内部法

不可全信售楼先生或小姐的话，为了尽可能套出实情，不妨在开盘前与之交朋友，获取内部资料，比如价格底线等。或者同时与几个售楼人员打交道，寻找漏洞各个击破。

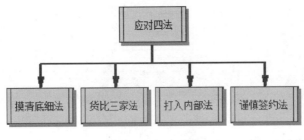

图 3.6　应对四法

4)　谨慎签约法

预订时如果一时冲动付了订金，在签订合同之前还要仔细斟酌，最好请有经验的人把把关。如果有些条件谈不拢，仍然可以断然出局。

3.4　商品房投资成功的技巧

要想投资商品房成功，首先要对项目有一个全面的了解。从项目区分看，也可以投资公寓、别墅、普通住宅等，购买后等待增值再转让赚取利润，也可以通过出租逐步收回成本直至盈利。但前提条件是，一定要看清形势、把握热点、精打细算，这样才能投资成功。商品房投资成功的技巧，如图 3.7 所示。

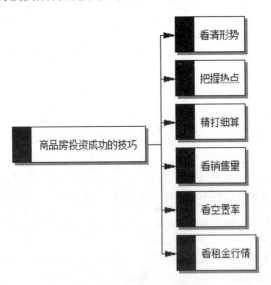

图 3.7　商品房投资成功的技巧

3.4.1　看清形势、把握热点、精打细算

下面具体讲解一下。

1)　看清形势

看清形势，就是要把握宏观经济形势，选择最佳入市时机。如果在房地产市场已经炒得热火朝天的时候，你进场购买了，买在这一波上涨的高点，那将需要捱得起长期的"套牢"之苦。

中国经济有明显的波动周期，在选择即将结束低迷状态，要进入加速发展期时入市，是较好的选择。

另外，还要考虑利率的变化。现在我们大多是贷款买房，所以离不开银行的支持。在降息背景下，住房贷款无论是公积金，还是商业贷款，按揭都比较低，无疑比较合算。

2)　把握热点

把握热点，就是认清国家产业政策的倾斜面。就房地产业来说，倾斜的力度无疑就是住宅建设，因为真正能够支撑市场的消费群体就是普通老百姓，所以住宅发展是未来的热点。

另外，在住宅投资的选择中，也应该从多个角度去了解市场，主要是多了解政府的规划，一是关注政府倾斜力度较大的热点地区；二是关注地铁、轻轨的发展布局和动工时间。

城市发展的经验告诉我们，地铁旁的住宅升值潜力较大。

3)　精打细算

精打细算是指在投资房地产之前，要充分考量市场，多做比较，对开发商信誉、建筑产品质量、未来升值潜力、区域行情价位做一个综合的评判。关键是对区域和项目的未来前景要有一个明确的判断，因为投资房产实际是投资未来的成长性。

3.4.2　看销售量、空置率、租金行情

下面具体讲解一下。

1)　看销售量

一般来说，不管是现房，还是期房，如果销售量不到 30%，那么开发商的成本还没有回收，在销售业绩不佳的情况下，开发商有可能降低房价。

如果销售量达到了 50%，表明供销平衡，房价在一段时间内一般是不会有变化的。

如果销售量达到了 70%，表明需求旺盛，在这时涨价是很有可能的。

如果销售量达到了 90%，由于开发商想尽快发展其他项目，房子有可能会降价。

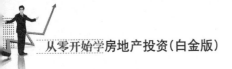

总之，看销售量也是把握买房时机的方法之一。

2）看空置率

当某楼盘空置率为 90%时，价格相对比较低，但购房者也要付出一定的代价，如装修噪声、服务不到位、环境脏乱、交通不便等。

当空置率为 50%时，小区已经有了一定的发展，购房者既能得到较好的价格，又能得到开发商、物业管理公司提供的服务，这是最佳的入手时机。

3）看租金行情

投资房产还要注意考量该区域的租金行情，如果租金价高于银行按揭还款额，通常以租养房的方式也是一种相当稳定的投资。如果能在 8~10 年收回投资成本，年收益率在 8%~12%，回报率是很高的，这样的投资是相当划算的。

最后，投资者还要学会灵活运用付款方式，如果能谈到一个比较低的首付款，并能延缓余款的缴付日期，其实就等同于用一笔小资金控制了一个大项目，如果这里房价在飞涨，资金杠杆原理的作用就显现出来了。

3.5　挑选二手房的技巧

选择二手房时，购房者常常顾此失彼，关注一些重要因素的同时，却忽视了另外一些值得重视的内容。其实，买房尤其是买二手房，在前期的选购环节，更要面面俱到。挑选二手房的技巧如图 3.8 所示。

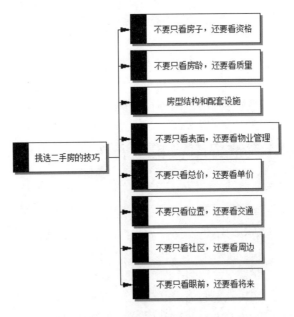

图 3.8　挑选二手房的技巧

3.5.1 不要只看房子，还要看资格

购房者在选购二手房时，往往注意房屋在类型、价格等方面是否让人满意，却忽视了首要的问题：该房的所有权性质、是否具备进入市场交易的资格。

遇到如下的二手房，奉劝购房者还是尽量规避。

> 军产、院(医院)产、校(学校)产的公房与本单位的办公场所在一个大院里的。

> 仅有使用权的房屋。

> 以标准价购买，尚未按成本价补足剩余价款的。

> 在农村集体土地上兴建的房屋，所持乡产权房产证的二手商品房。

> 上市出售后会形成新的住房困难的。

> 产权共有的房屋，其中一方共有人不同意出售该房产的。

> 房产已作抵押，且未经抵押权人书面同意转让的。

> 处于户籍冻结地区，并已列入拆迁、公告范围的。

> 依法被查封或者依法以其他形式限制权属转移的。

> 房屋已出租他人，出卖人未按规定通知承租人，侵害承租人优先购买权益的。

如果该二手房属于央产房，以下几种情况也是不能上市的：凡属超标而未经处理的住房，须经原产权单位按规定超标处理后方可上市出售；按房改政策规定属不可售住房但已向职工出售的；涉及国家安全、保密的特殊部门的住房，党政机关、科研部门及大中专院校等单位在机关办公、教学、科研区内的住房，原产权单位认为不宜公开上市出售的，应报交易办公室备案，并在职工住房档案中注记。该类住房可按规定向原产权单位腾退，也可在原产权单位职工范围内进行交易。法律、法规规定的其他不得上市出售的已购公房或与原产权单位有特殊约定的已购公房(规定能够住满 5 年的除外)，应按法律、法规规定或与原产权单位的约定执行。(上述办法不含部级干部住房上市出售)以及其他不能买卖的情况：3 年内被政府规划为拆迁范围的房产，在当地房产交易部门已被冻结。

提醒 央产房：全称为"中央在京单位已购公有住房"，允许进入市场的"中央在京单位已购公有住房"是指职工按房改成本价或标准价购买的央产房。

3.5.2 不要只看房龄，还要看质量

有些购房者在选购二手房的时候，往往对房屋的房龄和建成年代比较关心，而对

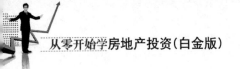

房屋的具体质量则关注不够。

在有些购房者看来，越新的房子就一定越好，越老的房子就越差，其实不然。每一套房子的建筑材料、施工工艺、施工质量不同，质量上也会千差万别，未必房龄越短质量就越好。某些房子虽然年头不长，但由于种种原因，质量不尽如人意；相反，有些房子虽然建设较早，但却"历久弥坚"。

购房者在考察二手房的时候，要仔细考察房屋的质量，从外立面到楼道，从墙体、地面，到门窗、管道，每个细节都要认真观察。

3.5.3　房型结构和配套设施

面积大小是否与产权证相符；户型是否合理；管线是否太多；是否改动过房屋的内外部结构；是否改动过牵涉面积计算的结构；是否带装修；了解内部结构，管线的走向、承重墙的位置等。

打开自来水龙头观察水的质量和水压，以检测这一带的水质硬度并测试水压大小。了解该房屋的供电容量是否能满足需求；检查电线的老化程度。查看煤气、天然气的输送情况，特别需要注意的是要根据点燃煤气灶后的火焰高度，判断煤气是否充足。旧小区的房屋自带热水器的，要考虑其品牌、新旧程度、是燃气的还是用电的，不妨亲自试用一下，看看水的温度如何。如果是燃气的，应该注意是否是已经禁止生产的直排式热水器，热水器的位置在哪里，洗澡时是否安全。了解供暖单位的性质，是市政供暖还是小区单独供暖；是上门收取暖气费，还是自己到收费站交费；暖气片数量是多少。测试有线电视的开通情况等。

3.5.4　不要只看表面，还要看物业管理

购房者在选购二手房时，常把关注的焦点放在房子本身，却忽视了物业管理、取暖方式及相关费用等入住后与自身利益息息相关的环节。购房是一个相对短暂的行为，居住却是一个长期的过程。要想在购房后的居住中获得较高的生活品质，良好的物业管理是必不可少的。

目前，某些已购公房社区还不存在真正意义上的物业管理，某些二手商品房社区的业主与物业公司之间矛盾重重、纠纷时常发生，这都会对购房者入住后的生活产生不利影响。

因而，选购二手房时要仔细了解相关情况，如保安、保洁、绿化的水准；提供服务的内容和水准；基本生活设施的管理：如有没有信箱、电梯的品牌、速度、是否有人值守(旧小区的电梯一般较老旧，有人值守更可靠)、晚上最晚开到几点等。此外，

还要核实该小区水、电、煤、暖的价格，物业管理费的收费标准以及车位的费用等。

3.5.5　不要只看总价，还要看单价

按照二手房交易的惯例，卖房标价往往标的是房屋的总价，而不像一手商品房销售时，总是标明房屋的单价。因此，某些二手房乍看上去总价很低、很便宜，但由于建设年代久、居室面积小，算下来每平方米建筑面积单价并不低。

购房者在购买二手房时，不要只看总价，还要算算单价，再拿这个单价和周边的一手房对比一下，心里就比较有数了。

3.5.6　不要只看位置，还要看交通

许多二手房地处城市核心地区，地理位置优越，但是鉴于城区目前的交通状况，位置好的地方出行未必方便，况且，一个家庭除了日常生活，还要考虑大人上班、孩子上学、老人看病等其他因素。

因此，快捷、顺畅的交通有时比传统意义上的地理位置还重要。购房者在购买二手房的时候不光要考虑地段，还要看周边的交通状况，有时地段差一些，但临近地铁、城铁等轨道交通，也未尝不可。

3.5.7　不要只看社区，还要看周边

许多购买二手房的购房者往往比较在意本社区的绿化、保安、清洁、生活配套等细节，对社区周边的环境则不太重视。

其实，某些二手房，特别是已购公房，社区规模不大，生活、商业配套不够齐备，绿地面积也有限，但是周边的街区公园面积可能很大，还有许多生活、商业配套设施是和周围的住宅小区共享的，这在很大程度上弥补了本小区的不足，这样的二手房还是值得购买的。

相反，有些二手房所处的小区各方面条件都不错，但周围在进行大规模的拆迁改造，建设新的房地产项目，施工带来的干扰和不便有可能要持续一两年时间，购买这样的二手房，一定要做好心理准备。

3.5.8　不要只看眼前，还要看将来

在购买二手房时，通常都会将眼前的各种问题考虑得很周全，但对今后的许多事

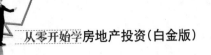

情就未必了。某些小区目前的交通出行条件不理想，但也许一两年后轨道交通设施就会修通；某些小区也许目前社区临近的快速路还要收费，但很可能近期就会取消。面对这样的二手房，如果价格合理，短期内的不便又能忍受，不妨就购买下来。

再如，某个欲购买二手房的家庭目前老人身体健康，但随着岁月的推移，几年后，看病取药会成为家常便饭，这样的家庭在购买二手房时，就要对周边的医疗条件和医院位置进行周密的考虑。

此外，有些购房者购买二手房是为了阶段性居住，将来还要出售或出租，这就需要对所购二手房未来出售或出租的市场行情有预先的判断，眼光要放长远一些才行。

3.6　二手房投资的陷阱与防范技巧

近年来楼市快速趋热、房价不断走高，投诉也随之呈现增多趋势，其中尤以二手房交易最为明显，如房地产中介人员素质参差不齐、合同五花八门、中介费混乱等，让不少消费者一不小心便落入了陷阱。

3.6.1　过户后费用未算清，买家白花冤枉钱

下面请看一个例子。

丁小姐在 2015 年 8 月份，看中了一套房，3 个月后便与业主办理完过户手续。没想到，当丁小姐兴冲冲地拿着新房产证准备开始新生活时，物业公司送来的单据却让她傻了眼。

原来，该房屋原来的业主拖欠了近两年的供暖费和物业费，全部算下来将近 7000 元。丁小姐拒绝交费，并打电话与原业主联系，可是原业主拒不接电话；打电话找中介公司要求解决，中介公司却称房屋交易已经完毕，交易过后所有的事情都与该公司无关。

由于全部房款早已支付给原业主，无法从中扣除原业主所欠费用，而且房产现在也已变更为丁小姐名下的产业，因此丁小姐只好自己承担了全部的物业费和供暖费。

购买房屋一定要有正规的物业交验过程，并且最好不要一次性支付全款给业主。可先支付部分房款，在双方完成物业交验，保证物业交验的费用结清及房屋的验收工作后再支付剩余房款。物业交验时，购房者和业主双方最好一起到房屋现场，并在交验当天一同填写《物业交验单》，确认签字无误后，购房者才向业主支付购房尾款。

3.6.2　现金抵押房被不法中介利用

下面请看一个例子。

2013 年 12 月初，方先生的母亲因病急需一笔钱来治疗，与家人商议后决定在网上发布信息，将自家暂不居住的一套住房出售。两天后，一个小伙子与方先生约定了见面时间，双方经进一步协商后，最终以 23 万元的价格成交，小伙子还主动提出要求作公证。

一周后，方先生与小伙子同去公证处办理公证，由于买卖公证费用较高，方先生经小伙子建议，与小伙子的朋友办理了《全权委托公证》，商定由小伙子与其朋友办理其他的相关事宜，并在收取了小伙子全额房款后，将房产证交到后者手中。

没想到 3 个月后，方先生却接到了银行催款电话及公安机关的询问电话。经了解才得知，原来不法中介公司利用小伙子伪装成个人骗取方先生的信任，以低价拿到房产证后本想高价转手卖掉。但因无法如愿，便拿着方先生签字的《全权委托公证》及房产证到银行进行抵押变现，并且同时以极低的价格冒充房东的代理，出租给一些大学生。这家不法中介携款逃跑后，收不到还贷月供的银行只好来找方先生。

对于不太急于用钱的业主，最好不要选择"现金押房"或"现金收购"的卖房方式。不管是公司收购还是个人收购，都存在利用不透明交易来吃差价牟取暴利的可能。

交易时买卖双方一定要见面，谈好价格后签订正规的《房屋买卖合同》，并到房管局过完户才算交易完成，切记不要图省事，只管给对方房产证然后拿钱了事，仅仅是做公证并不能算是法律意义上的房产买卖。

3.6.3　不透明的"全包价"

下面来看一个例子。

2008 年 11 月初，贾先生在报纸上看到一套 40 万元的两居室，打广告的中介公司称这 40 万元的费用包含了所有需缴纳的税费及中介费等杂费。由于感觉不错，贾先生很快便与中介公司签订合同并办理了相关手续。

没想到，房屋过户手续办理完的那一天，贾先生却了解到，他所买房子的原业主与中介公司签订过合同，出售价格其实只有 36 万元。即使加上各种费用总共也不过 37.3 万元，而中介公司却收取了他 40 万元的费用。

当贾先生拿着合同要对方退回多收的费用时，该中介却指出该合同中讲明用 40 万元购买该套二手房，40 万元的价格里包括了所有的费用，并未多收取费用，不能退款。贾先生仔细查看合同后发现，合同中并未列出费用的明细。

通过中介公司购买二手房时，一定要注意，将中介公司收取的费用及需要向相关部门缴纳的费用了解清楚；最好在合同后附上《费用清单》，详细计算相关收费；一定要同业主见面签订《房屋买卖合同》，明确买卖双方购房价格与售房价格是否相同，避免中介公司从中渔利，产生不正当差价。

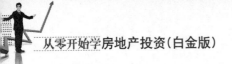

总之，在二手房买卖交易中应注意以下四个环节。

➤ 在委托中介机构时，一定要找资信条件好的中介机构，并认真审核合同条款。

➤ 在涉及金钱交易时，一定要保留好相关票据，并注意出票方与签订合同时的中介机构是否一致，避免产生纠纷时投诉无门。

➤ 增强法律意识，在尚未取得房产证或合法使用的前提情况下，严禁将房屋出售或出租。

➤ 在纠纷产生后到提起诉讼前，应注意证据的搜集，以保障自身的合法权益。

第 4 章

商铺投资的技巧

在房地产市场中有一种说法：投资住宅、别墅是铜；投资办公楼、写字楼是银；投资商铺是金。相对于普通住宅，商铺投资无须担心房子折旧，只要地段好、人气旺，仍能租出一个好价钱。本章首先讲解社区底商铺和产权式商铺的投资技巧，然后讲解产权式商铺投资的风险及防范技巧，接着讲解如何正确认识"一铺养三代"，最后讲解商铺投资的误区。

4.1 社区底商铺投资的技巧

在房地产投资市场中，大盘社区因为有多且稳定的住户，商铺的经营胜算相对较高，投资风险相对不大，并且投资资金量不大，所以最受中小投资者青睐。

4.1.1 什么是社区底商铺

社区底商铺，是指住宅的第一层和第二层。一般住宅，特别是高层住宅的第一层、第二层销售比较困难，其价位也较其他楼层低。开发商通过转向做底商，可以卖出更好的价格，同时小区内的商业配套问题也得以解决。社区底商铺如图 4.1 所示。

图 4.1 社区底商铺

社区底商铺给居民的生活带来了方便，对于这一点，刚买房的李姐深有体会：小区附近配套设施齐全，不仅购物方便，平时有个头痛脑热的，也不用跑大医院，走几分钟就到社区医院了。如果家里来个朋友，楼下就是饭店，省去了自己在家做饭的麻烦。

社区居民不仅需要繁华的城市商业中心，更需要网点齐全、业态合理、功能完备、具备一定服务水平的社区商业设施。

在未来几年内，社区商业将会有较大的发展空间，那些地理位置优越、交通便利的大盘底商的增值潜力也会慢慢显现出来。它们通常在服务小区居民的同时，还会对周边区域住户、学校等产生辐射作用，只要商铺定位准确，势必会吸引附近众多的居民，从而提升社区底商铺的价值。

4.1.2　如何投资社区底商铺

社区底商铺最吸引人的就是低风险，因为买社区底商铺相当于买庞大的顾客群，随着住宅的逐渐成熟，附近客源会像滚雪球一样积累，投资回报自然有保障。社区底商铺前景这么看好，那么我们到底该如何投资社区底商铺呢？

1)　社区底商铺的功能

社区底商铺的功能主要分为两种，一种是服务于小区内部，另一种是服务于小区外部，如图 4.2 所示。

对于大型社区来讲，底商主要以社区内部居民为服务对象，在功能上要结合小区业主的消费档次、消费需求、消费心理、生活习惯来设定。购买这样的店铺，投资少、风险小、资金回收快。

服务于小区外部的商铺，则应综合考虑周边商业业态、街区功能来确定商铺功能，并且要选择位于交通便利、商业氛围浓郁的地区，店铺面积不宜过小，例如大型超市、各种专卖店、大型商场等。

2)　三大热点社区底商铺

三大热点社区底商铺，分别是概念型社区底商铺、潜力型社区底商铺、商圈型社区底商铺，如图 4.3 所示。

图 4.2　社区底商铺的功能　　　　图 4.3　三大热点社区底商铺

概念型社区底商铺主要看实施。现在，社区底商一改过去纯粹的配套服务功能，开发商更加注重突出项目的概念和主题包装，不过，为底商做主题包装只是第一步，后期对主题概念的实施和控制更重要。

潜力型社区底商铺主要看实力。相对于借助炒作概念而走火的社区底商项目来讲，某些社区底商铺无须炒作也热销，具体原因主要是巨大的市场潜力使此类项目被众多人看好。这种潜力型社区底商固然前景广阔，但同时也存在风险，无论是自营、出租还是转手出售，所面临的最大问题将是时间，也就是"养店铺的时间"。因此，投资者一定要正确评估自身承受能力，在核算回报率时要充分考虑时间因素。

商圈型社区底商铺主要看位置。凭借有利位置，抓住市场需求点，部分社区底商铺项目虽然价格不菲，但仍能创造佳绩。此类型社区底商周边的商业已形成一定气候，拥有大量的、稳定的消费群体，投资风险小、回报率高。不过，成熟商圈内的社区底商铺虽然在位置和人气上占有绝对优势，但是商铺的其他条件，如楼层、格局、层高、广告位、硬件设施等也相当重要。

另外，在选择社区底商铺时，投资者还要关心楼层、停车位、营业时间、项目周边行业、独立出入口、物业管理、固定消费群体等。这些问题直接关系到项目的招商效果和日后的运作难易程度，在房地产市场竞争激烈的今天，买家可以选择的空间越来越大，开发商的产品能否在这些实际问题上领先于其他项目是至关重要的。

3）社区底商铺购买时的注意问题

社区底商铺购买时要注意以下三点。

第一，商业建筑的土地出让金要比住宅高，且土地出让年限只有 40 年。

第二，在贷款政策方面，社区底商的首付为 50%，并且只有工程到了具备竣工备案条件后银行才会放款。因此，社区底商贷款的月供是在房子即将投入使用时才发生的。

第三，社区底商不是按套销售，而是按最小销售面积销售，具体面积标准因项目而异，有 100 平方米的，也有 500 平方米的。

4）社区底商铺使用时的注意事项

社区底商铺使用时的注意事项共四点，具体如下。

第一，水、电、气、热等需按专门的商业市政标准缴费。

第二，物业管理费高于普通住宅，一般在每月每平方米 10 元左右。

第三，根据经营范围，各行业的主管部门对房屋有一些特殊要求，如餐饮业要专设污水隔油池等特殊设备。

第四，由于按面积出租，刚性的空置是社区底商经营中不可避免的。

4.1.3　社区底商铺投资的注意事项

相对于其他房地产投资来说，社区底商铺的投资虽然风险小，但如果不仔细考察，也很容易造成不必要的损失。社区底商铺投资的注意事项如图 4.4 所示。

1）投资过热的时候，要停下脚步来，想清楚了再出手

最近几年，社区商业呈现出累计放量较大、分布混乱、逐步外移、档次和租售价格两极化、商业经营模式落后、经营状况不好等特点，但随着楼市逐步升温，投资者开始跑步入场，这个时候需要社区商铺投资者将脚步停一停，想清楚了再投资。

选择社区商铺要研究社区人群的数量、层次和特征。社区商铺的合理定位和服务必须研究社区人口构成，以及业主的特征及数量。

对消费能力一般的社区，也就是一些郊区大盘，入住后居民居家日常所需的商品还是希望在社区内能满足，如果经营一些生鲜蔬菜超市、水果店、早餐店、特色小吃

店、粮油食品店、日杂百货店、美容美发店、干洗店、社区大药房、儿童玩具饰品店等业态还是很可行的。而且目前郊区大盘内社区商铺相对于市中心商铺价位低。

而对于高档社区，除日常所需外还可考虑诸如咖啡店、酒吧、国际品牌专营店等。

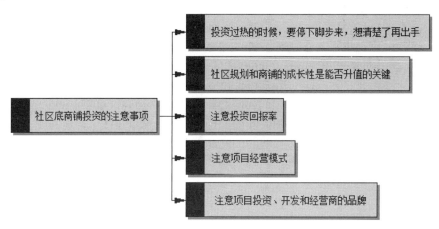

图 4.4　社区底商铺投资的注意事项

2)　社区规划和商铺的成长性是能否升值的关键

投资社区商业，除了要研究现实的居住人群和未来人口变化情况，以及人口质量、购买力和消费习惯等因素，还有两个重点：一是要看社区规划；二是要看商铺的成长性。

首先是社区规划，这点对于郊区大盘尤为重要。尽管目前商铺入住率低，但由于政府规划，以后周边会有交通枢纽中心、换乘中心等，这样的商铺就算目前租金回报率低，还是有极高的投资价值的。还要考虑规划中的配套设施建设，如公交车站、学校等，如果周边规划再有写字楼、商场等附加值更高的物业，那更是要抓紧投资了。

如果几个住宅小区聚集在一起形成"扎堆效应"，那也是理想的商铺，因为这些小区底商、沿街商铺会形成商业街的格局，将会带来理想的消费人流。还要考虑到周边道路的宽度，沿街商铺最为理想。路窄可以积聚人气，吸引客流。对于很宽的道路，投资的意义不大，因为只有车流，加上隔离带会截断人流。这样的商铺投资空间将非常狭窄。

其次看商铺的成长性。在考虑人口因素时，其实人口太过饱和或高收入人群太集中的社区商铺投资价值反而不一定最好，原因就是这类商铺缺乏成长性，租金和售价已经没有太大的提升空间，还有就是高收入人群消费习惯的特殊性其实不利于位于该区域内的社区商铺，而这类商铺的定价却很高。

3)　注意投资回报率

以上各项目考察后，并非就能确保稳赚不赔，要根据考察结果对于其投资回报率进行初步预算，估算投资回报率。在目前的市场中，如果年回报率能达到 5%～8%，该商铺即值得投资，否则不值得投资。

其次，和购买住宅一样，如果从开发商处购买商铺，事先必须调查对方的实力以及该商铺有没有销售许可证。如果是购买二手商铺，除要了解所在区域市政规划外，还必须考察其使用年限。因为商铺只有 40 年的使用年限，投资的话必须考虑这个因素。

4) 注意项目经营模式

注意考察社区商业中心的大型商业项目或代表性商业项目。因为一个商业中心需要 1～2 个大型商业项目作为龙头，以提升整个区域社区商业价值。

因此，一个区域的社区商业如果既没有大型商业项目，商业经营模式也很落后，这一方面说明区域社区商业还处于初级阶段，也说明区域社区商业投资价值还有较大的升值空间，而大型商业项目刚刚启动的区域社区商业则是最好的投资机会。

5) 注意项目投资、开发和经营商的品牌

在价格相差不大的情况下，尽可能选择有投资商业开发经验的开发商和品牌经营管理公司、品牌主力商家入驻的项目或其周边商铺来投资。控制风险，要选择好开发商，特别是在商铺开发和经营方面有一定经验的开发商。社区商铺虽说比街区商铺风险低、收益也较稳定，但风险同样不可避免。如果遭遇开发商不规范、不成熟的做法，随着小区住户数量的不断增多，社区商铺隐藏的种种问题也将逐渐暴露出来，甚至有很多并非来自市场层面的风险，选择一个信誉良好、拥有成功社区商铺开发经验的开发商可以避免许多麻烦，减少投资风险。

4.2 产权式商铺投资的技巧

前面讲解了社区底商铺投资的技巧，下面来看一下产权式商铺投资的技巧。

4.2.1 什么是产权式商铺

产权式商铺，是国际上流行的所有权和经营权分离的一种房地产商铺产品形式，也被称为"以稳妥的方式实现个人资金的资本化扩张"。其主要表现为：商铺业主出于投资目的，将产权式商铺通过开发商或第三方公司整体委托品牌经营商进行统一经营，并获得定期、定额的投资回报。

4.2.2 产权式商铺的类型

1. 按业态分类

按业态来分，产权式商铺可以分为两种，分别是虚拟产权式商铺和独立产权式商铺，如图 4.5 所示。

1) 虚拟产权式商铺

虚拟产权式商铺，是指开发商将超市、百货大楼等开放式卖场进行面积概念分割，小商铺之间无墙隔离，不划分实际区域，产权登记在投资者名下，并在一定期限包租，购买者无法自行经营。

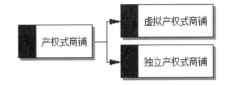

图 4.5　产权式商铺按业态分类

这种商铺本身不具有独立使用价值，产权成了虚拟的收益权益。在这种情况下，投资者如期获得收益的前提是商场整体经营必须良好，否则，一旦商场整体运作出现问题，投资者的回报就如同无源之水。目前，市场上的商铺销售主要以虚拟产权式商铺为主，但事实证明，虚拟产权式商铺纠纷频发。

2) 独立产权式商铺

独立产权式商铺，是真正拥有分割的独立产权的物业形态，购买这种商铺可以自营，也可以出租，或让经营公司包租。这样投资者就真正拥有了处置权，拥有这种商铺相对来说风险是比较低的。当然，投资者在选择独立产权商铺时，还要综合考虑区位、人流量、交通物流、商业氛围、开发商背景、主力商户、项目规划、运营管理、升值潜力等要素。

2. 按行销方式分类

按行销方式来分，产权式商铺可以分为两种，分别是小产权分割商铺和带租约出售商铺，如图 4.6 所示。

1) 小产权分割商铺

小产权分割商铺，是将产权和经营权分离，即投资者在购买了商铺之后，就成为商铺的业主，但无须插手商铺的经营管理或转租，

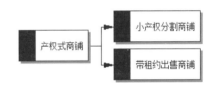

图 4.6　产权式商铺按行销方式分类

只需与开发商签订合同，将商铺交由开发商统一经营管理，这样就可以坐享回报。

小产权分割商铺一般会承诺 3～5 年内的年投资回报率为 8%～10%，以投资回报率 10% 计算，5～6 年可收回投资成本。由于拆分后的单位面积小，投资门槛相对较低，这对中小投资者比较有吸引力。虽然这种投资模式起点较低，但缺点同样显而易见。对于开发商来讲，面积越小越利于迅速回笼资金；但对于投资者来说，产权面积分得越散，后续经营越难以保证，投资风险在无形中增大。

2) 带租约出售商铺

带租约出售商铺，其实质是售后返租的改良，客户购买产权式商铺的同时，就与开发商商定租约，将所购商铺租给开发商，租期 3～5 年不等，有的甚至长达 10 年。

租赁期内，业主可定期从开发商那里得到定额的租金回报，一般每年的租金为售价的 7%~8%，然后由开发商统一转租经营，最大限度地确保商场的兴旺。

这种方式对业态规划、业态组织要求较高，相对于小产权分割商铺来说，由于划分面积大，买家可以更清晰地了解到购买单位租约合同以及经营状况。

为了保证投资安全，在购买带租约出售商铺时，投资者首先要了解这些铺位是不是已经有租约合同或者有意向租户，同时要在商铺买卖合同上注明租赁时间以及附带的租金递增等条款。

4.2.3　产权式商铺的优势

产权式商铺一经推出，就得到投资者的青睐，这当然与其本身具有的优势是分不开的。其具体优势表现在四个方面，如图 4.7 所示。

1)　门槛低

产权式商铺投资额相对较小，并且不用参与经营管理，就可以收取稳定的利润，因此吸引了不少中小投资者。一般来说，投资者只需首付一定比例的资金，然后按揭贷款就可以拥有产权式商铺，从而实现置业投资的梦想(投资者请先确认目前的当地政策)。

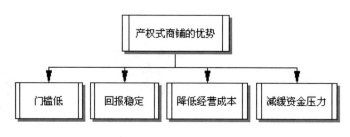

图 4.7　产权式商铺的优势

2)　回报稳定

与股票、住宅、储蓄相比，产权式商铺以其可观的回报收益和升值潜力成为投资者较为理想的投资理财品种。值得注意的是，产权式商铺通过划分，有效地控制了铺位的总价，从而使之成为中小投资者可以选择的一种投资理财方式。

3)　降低经营成本

经营商以承租的方式获得了商场使用权，而不需要直接购置，从而减少了流动资金的占用，也省却了占领市场的大笔资金，不仅维持了合理的流动资金周转率，而且降低了经营风险。同时，由于是通过开发商或第三方公司承租，不直接参与商铺买卖，因此也不会产生过多的法律问题。

4)　减缓资金压力

对于开发商来讲，一旦商业规模达到一定的程度，如何实现资金回笼便成为一大难题。大规模的商业经营需要业态的支撑，需要大型商家的拉动。对于大型零售商来讲，高效的流动资金周转率是他们成功运营的基础。即使是资金规模庞大的跨国公司，也不可能掏出大把资金来购买大面积的商业铺面，租赁经营始终是其首选方式。

同时，大面积商业铺面所需要的资金也是一般中小投资者不敢奢望的，因此产权式商铺无疑为开发商解决了这一难题。

4.2.4　投资产权式商铺的注意事项

投资就有风险，产权式商铺虽然解决了投资主体的分散与统一经营的矛盾，但作为一种投资方式，风险也相当高，所以在投资产权式商铺时，要注意三点，如图 4.8 所示。

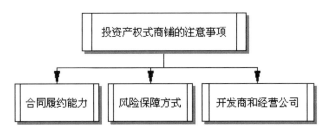

图 4.8　投资产权式商铺的注意事项

1)　合同履约能力

产权式商铺项目大都打出"高额返租，到期回购"的诱人口号，但对于投资者来说，经营公司届时是否履行返还稳定回报以及到期回购等约定义务，是投资者面临的首要风险。因为开发商的经营行为既然是市场化行为，就一定存在风险和不确定性。

由于产权式商铺投资涉及开发商、客户、经营公司等多方主体以及买卖合同、租赁合同等多层法律关系，因此其投资行为远比单纯的房屋买卖行为复杂。

另外，产权类投资的年限一般为 10 年或 20 年，因此也存在着更大的不确定性。

2)　风险保障方式

当前，产权式商铺在商铺分割的方法和技术参数上缺乏相应健全的配套法律，若签订合同不慎，容易出现误解和纠纷，加上开发商这个大业主将产权转移到各个小业主手中，未来的经营业态很难得到统一管理。如果经营出现问题，很容易影响双方当事人的利益。

3)　开发商和经营公司

有些产权式商铺的开发商只建不管，商铺销售完后自己就走人了，然后委托一家运营公司具体运营，这样造成一些急功近利的开发商不是从今后经营的角度，而是仅从销售难易的角度去设计楼盘。另外，还有一些开发商为了转嫁风险，尽快套现，根本不重视商铺的后续经营，一旦以后的经营出现了问题，开发商早已套现并获取丰厚的利润，运营公司也可以临时退租，拍拍屁股走人，留下的苦果只有投资者慢慢品尝了。

商铺的经营状况和未来持续发展对商铺投资来说太重要了，即使有相应的担保，但由于缺乏有效的监管手段和变现能力，也很难成为投资者利益的根本保证。选择产权式商铺，除了要关心地段和价格，还应格外关注开发商的背景和经营管理公司的实力。产权式商铺的价值包括两部分，分别是房地产本身的价值和商业价值。

房地产本身的价值浮动不大，但商业价值因项目的风格、经营者的能力不同而有所不同，其弹性很大，这就要求投资者必须客观分析交通、区位、人流量等外部环境因素，还要考虑商铺的开发商、经营商等各方面的资质和水平，尽量选择名气大的开发商以及成熟的经营团队。

4.3   产权式商铺投资的风险及防范技巧

产权式商铺由于存在三方利益的冲突，即开发商关心的是销售价格、经营者则希望租金越低越好、业主关心的则是投资回报率。由于产权分散在不同的主体身上，三权分立的局面使得产权式商铺实际上蕴含着较大的风险。

4.3.1   产权式商铺存在的风险

产权式商铺存在的风险共有四种，如图 4.9 所示。

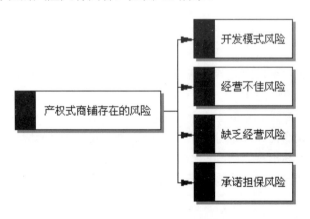

图 4.9   产权式商铺存在的风险

1)   开发模式风险

当前，市场上很多产权式商铺是做住宅项目出身的，其投资目的是实现短、平、快的收益回报。因此，开发商会为了促使资金的迅速回笼而抬高经营项目的价格，以实现更多的附加价值，从而人为改变商业业态的自然升级。

有些开发商为了高价销售商铺，获取套现，不惜以夸大其词的广告宣传来吸引投资者，使这种风险相对较小的投资方式变成了高风险投资。开发商将风险转嫁给投资者，一旦出现了问题，开发商人去楼空，而风险则由投资者承担。

"售后包租"仅仅是个噱头，更多的是开发商在诱你上当。从表面上看，开发商开出 8%、10%甚至 15%的售后包租收益率，但实际上羊毛出在羊身上，开发商所承诺的最初几年的租金收益很可能已包含在商铺的销售价格中了。

"先售后租"也不是开发商所说的绝对零风险。据业内人士说，这种模式有利于开发商短时期回笼资金，并且将企业经营风险层层下放到投资者那里。根据协议，产权和经营权是分开的，企业万一经营不佳，意味着商铺的价值大打折扣，但这对于无产权的管理者来说是没有什么损失的。

2)　经营不佳风险

开发商只一味地开出高收益的承诺，而不关注解决商业问题。商铺的高收益并不取决于开发商的承诺，而依赖于高水平的运营管理。真正实现经营成功，一定需要开发商解决专业化的定位、招商、管理运营的每一个细节，如果不能解决这些问题，高收益只是泡影。总之，投资者不能只关注承诺，一定要关注专业化的操作，这才是实现收益的最重要的保障。

3)　缺乏经营风险

虽然产权式商铺是一种良好的商业模式，但大部分开发商和经营管理公司都没有实战经验，都处于摸着石头过河的阶段。国内开发商对商业项目的经营管理与国外的商业公司相比仍存在一定差距，而国外的商业公司虽然拥有先进的管理水平，但他们不了解国内消费者的生活方式和消费习惯，也常常产生水土不服的情况。

4)　承诺担保风险

有相当多的投资者认为，担保最可靠。很多开发商承诺，商铺每年 8%～10%的投资回报率，并有各种形式的担保。但是，担保问题是一个非常复杂的法律问题，有些甚至虚到无法保障，即使有数十亿元集团资产作担保也并非就高枕无忧。

有些开发商拿自己的产业经营作担保，然而项目未来的运作情况具有很多不确定性，如果经营业绩不好，所有承诺的投资回报将无法实现。即使有的项目用数十亿元资产作担保，但投资者仍然很难知道其资产债务关系，而小债权人的权益是排在大债权人之后的。

还有一些开发商通过担保公司来实现承诺，但问题是很多担保公司实力不强，甚至仅仅是子公司，根本不能实现所谓的承诺回报。

4.3.2　规避产权式商铺风险的技巧

产权式商铺作为新生的商业地产模式，可谓优势和风险并存，利益与矛盾交织。投资者该如何规避产权式商铺的投资风险呢？主要有三点，如图 4.10 所示。

1) 深入了解开发商的实力

具有超强实力和信誉良好的开发商，从项目选址建设到销售都有通盘考虑，选择这样的商铺进行投资，风险相对较低。有眼光的开发商会在城市变迁中捕捉到商机，从而实现高额的经营利润。投资者可以通过深入了解开发商的经营实力，从而保证自己的投资回报能顺利实现。

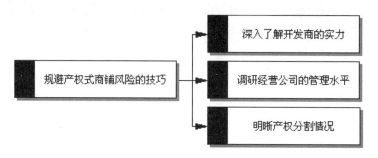

图 4.10　规避产权式商铺风险的技巧

另外，开发商一定要对投资回报有理性认识，不能只考虑高额获利因素，还应该考虑到风险因素，这样才不至于使投资者的利益受到损害。

2) 调研经营公司的管理水平

从某个角度来说，商铺的升值和延续是靠经营实现的。经营管理搞好了，可以提升商业项目的整体形象，吸引更多的投资者，从而形成良性循环，促进商业项目的升值。

3) 明晰产权分割情况

为了避免风险，投资者在签约前应该明确产权问题。投资回报率一方面要在合同上明确约定；另一方面，应有第三方提供担保，并且一定要明确这样的承诺回报是由谁来承担责任，这比承诺什么更值得投资者关注。

总之，商铺投资是一个高风险、高回报的投资理财品种，有没有人来租、租金多少、盈利的来源等一定要考虑到。同时，产权式商铺涉及多方利益，利益分割很细，情况复杂，所以投资者一定要多留个心眼。

随着开发企业实力的加强和经营管理水平的提升，未来的产权式商铺可能采取基金管理模式，这样就会为投资者提供完善的投资服务，使产权式商铺的投资风险降到最低。

4.4　正确认识"一铺养三代"

　　曾几何时，"一铺养三代"被商业地产投资者奉为圭臬。不可否认，一些投资者因旺铺而坐拥稳定并且逐年攀升的租金收入，无须花心思打理，却能获得不菲的收益。商铺投资，一度成为城市中产阶级最热衷的投资渠道之一。

　　而其中，社区商铺又因投资门槛相对较低、风险较低、收益较稳定等特点而受到很多投资者的追捧。在开发商"韩流时尚""n 年返租""与××大超市为邻"等宣传攻势下，很多人把投资目光集中到了社区商铺的身上，买下来出租、先承租再转租或是亲自上阵经营，不一而足。但是，你如果因艳羡别人的旺铺而跟随其后，不做分析，盲目投资，认为任何商铺都能"养三代"的话，那就真是大错而特错了。

4.4.1　梦碎商铺

　　下面请看一个例子。

　　2007 年，张先生投资了青岛郊区的两层商铺。这时，他对房地产业一无所知，只是听说升值潜力很大。而且这个商铺很便宜，一平方米才 5000 元，140 多平方米一共两层的商铺，总价只要 70 多万元。就算年回报率 7%，一个月也能收三四千元的租金。

　　可谁知郊区的经济迟迟没有发展起来，那里的人气几年也都没起来。张先生的商铺开过瓷砖店、饮水机店，甚至做过仓库，月租金从最初的 2000 元一路跌到后来的 900 元。第一次投资就以失败告终。尽管第一次投资商铺出师不利，但张先生的投资热情并未熄灭。2012 年，他又以每平方米 28000 元的价格买下市区某小区 35 平方米的一处底商。张先生付了一半的首付，剩下一半分 10 年按揭。

　　本来张先生已经找好了一个开快餐店的租客，谈好租金每月 10000 元。没想到开发商一次又一次地推迟交房时间，租客看看情况不对，就付违约金逃掉了。后来虽然交房了，但由于小区入住率低，客流量小，开张营业的商铺大都生意冷清。

　　张先生好歹找到了一个卖土耳其烤肉的商家，每月 8000 元租金签了 3 年，连按揭款都不够还。即便如此，那个租客每天的营业额也就 300 元左右。

　　现在，张先生已经不再做"一铺养三代"的梦了，投资不利就是场噩梦。像张先生这样的投资者并不在少数，怀揣着商铺生财的梦想，却不得不为自己的满腔投资热情买单，"一铺养三代"最终变成现实版的"三代养一铺"。

4.4.2　警惕商铺投资陷阱

作为商铺的一种类型，社区商铺同街区型商铺、市场型商铺等相比，一般面积不大，单价也不算高，由于面对稳定的消费群，不可控因素较少，故而风险相对较小，很适合中小投资者投资或经营。但个中风险，却很值得投资者仔细考虑。

一般的社区商铺，从总体形式上看，不外乎两种，出售或出租。一般来说，规模较大的临街型商铺或底层商铺，以出售居多。而小区内部规模较小的商业街或零星的店铺，则以出租为主。

如果单从收益上看，出租无疑对房地产商更有利一些，长期算下来，收益较出售要高得多，但出租对开发商的要求也较高。首先要有资金实力，不急于回笼资金；其次要有良好的管理团队，还要有对商业地产的管理经验，熟悉各种商业业态，能支付较高的管理成本等。而出售则显得简单一些，只要项目规划设计好，和住宅互相补充，相得益彰，也能很快收回成本。

但在投资的过程中，有一种情况要特别当心，即开发商为了销售房子，而创造了一个商业街概念，实际上这条街的使命，也就是为了和小区相配套，一旦房子售完，商铺也就很有可能寿终正寝或改作他用。

由于这种商铺事先并没有通过规划审批，类似于临时房。因此，房产商不具有产权证，没有产权，当然更没有租赁权，在这种情况下，和商户签订租赁合同的也只能是假手一个自然人而不是法人了。如果日后产生纠纷，按合同规定，也只能和签订合同的那位自然人打官司了，风险无疑增大了许多。　再则，如果真的是临时房，存在的期限又特别短，投资者就要慎重考虑，如果选择的商业经营回收期特别长，会不会还没有收回装修、培育市场等前期投资，商铺就不存在了。

房产商对小区环境、格局的改变也会影响到商铺的经营。曾有一商家在一小区拿下面积不小的商铺，打算做婚纱影楼的外景拍摄基地，没想到，半年之后，原来漂亮的风景不见了，代之而起的是迅速建起的楼房，整个小区的环境也失去了做外景的价值，从而不得不改作他用或退租。

另外，开发商承诺的面积缩水、商品房销售不畅、住宅入住率不够、配套设施不全等都会构成社区商铺的陷阱，投资者需密切注意。

4.4.3　如何规避投资风险

相对于投资成熟商圈内的独立商铺，投资"配套"功能型的社区底商铺风险相对小一些。对于一些新建的大型居民社区来说，由于已经有一定数量的消费人群，作为配套底商，其经营收益一般都能得到保证。

不过，社区的位置、交通和周边的商业气氛，也会对商铺的经营产生较大影响。业内专家认为，除非社区足够大，否则只面向社区内部消费人群的底商不如同时对外开放的底商。如果底商本身面临繁华商业街道，或就处在成熟的商业中心区内，是否会有更高收益呢？业内专家认为，一方面，虽然成熟的商业环境在一定程度上降低了经营难度，但是繁华地段的商铺售价往往较高，使得投资者的利润空间也相对缩小了；另一方面，在成熟的商业中心区，市场竞争更加激烈，经营前景反而不易预测。

　　不过，如果能够深入研究区域特点，积极进行差异性经营，则可能在竞争中突显出来，吸引大量消费群，从而获得较高的投资回报。

4.4.4　做好养铺的思想准备

　　在高回报的背后，投资社区底商铺是存在风险的，所以在商业氛围尚未形成的阶段，投资的前几年，店铺有可能出现赔本、零收益的情况，这对于经济实力较弱的投资者来说是一个不小的考验。因此，投资者一定要正确评估自身承受能力，在核算回报率时应充分考虑时间因素。

4.5　商铺投资的误区

　　尽管"一铺养三代"的说法充分证明了成功的商铺投资的利润空间，但是商铺投资也非常容易非理性和盲目投资。下面来看一下当前商铺投资中的一些常见的认识误区，从而提醒广大投资者理性投资，避免因盲目投资而落入陷阱。

4.5.1　铺王靠近商场门口

　　很多投资者认为，一个卖场中最靠近门口的位置是最好的。卖场的经营者也往往这么认为，因此这个位置的定价也是最贵的。

　　实际上，门口这个位置有可能只是旺丁不旺财。因为每个消费者走进一个大卖场，一定会"逛"上一会儿才买东西，最先进入视线的铺位最多只是个询价的地方，顾客会一扫而过，再看上几个铺位之后才会购买。顾客是不大会回头到最靠近门口的铺位买东西的。门口位置可以作为大品牌的形象展示区，但如果要销售产品，选择往里第七八个靠近走道的铺位是最佳的。

4.5.2　背靠大树好乘凉

　　当前商业地产开发商多如牛毛，商业地产项目也层出不穷，商铺产品的推新速度也让投资者们眼花缭乱，到底哪家开发商值得信赖、哪个商业项目值得投资，这往往令商铺投资族感到困惑。于是有些投资者就采取简单的办法，抱着"背靠大树好乘凉"的想法"看人下菜"，认为只要开发商实力强、信誉好，商铺就有赢利保证，值得投资。

这种办法按照逻辑推理没错，正常情况下也能行得通，但是也有不妥。

首先，目前国内的商业地产开发存在着明显的断层，很多商业地产开发商都是由住宅地产开发商"转业"而来，他们是被商业地产开发的高利润所吸引才进入商业地产开发中来，所谓"住而优则商"，其实他们非常缺乏商业地产开发经验和经营管理经验，很多名称诱人的商铺其实不过是改头换面的住宅而已，缺乏后续的商业盈利能力。

其次，很多大的开发商为了分散开发风险，往往会成立项目公司，并注册为独立法人，和集团公司没有直接的法律关系。项目赚了大家皆大欢喜，项目出了问题投资者就会发现所谓的某集团早就不见了踪影，出来周旋的不过是一家随时可能破产的项目公司，这种偷梁换柱的手法让受了损失的投资者状告无门。

最后，判断一个商铺项目是否具备投资价值，关键是地段、客流、定位等要素，开发商优劣并不十分重要，倘若我们单纯以开发商实力、信誉作判断就难免有点"一叶障目，不见泰山"了。

4.5.3　地段、地段还是地段

商业选址中有一句流传颇广的话，说决定商业选址的三个主要因素是"地段、地段还是地段"，这句话被很多人奉为圭臬，当作商业选址至高无上的原则。推而广之，到了商铺投资领域这句话又成了众多投资者的指南，出现了"地段决定论"。只要地段好，商铺项目处于市中心闹市区或繁华商业区，就一定好，哪怕租金再高、物业条件再差、定位再模糊，也是难求的黄金旺铺，投资者必趋之若鹜。

其实这是一个根深蒂固的误解，我们要破除对它的迷信，更不能把这句话当成"放之四海而皆准"的真理，用它来衡量商铺投资价值。这句话之所以连用三个"地段"，乃是指地段在商业选址中的极端重要性，并非要排除其他因素而只见地段。

其次，这句话并非适用于一切商业领域和业态，倘若用之于百货商店和高档专卖店，就十分正确，但对大型超市、仓储店、专业市场等业态就未必适用。所以我们要看商铺的具体业态定位，商铺经营成功和具有升值潜力的前提是选对"正确的"地段，而不是选择"最好的"地段，闹市区不一定就合适，郊区也不一定就差。

最后，选择合适的投资商铺要综合考虑多种因素，若商铺位于城市黄金地段，则必然带来租金水平高、交通条件差、经营成本高和同业竞争激烈等一系列问题，这些会抵消好地段带来的优势，所以我们一定要进行综合衡量对比，重视地段但绝不能盲信地段。

4.5.4　付出总有回报

这个认识误区并不是投资者自己的观念，而是开发商和代理商反复多次的宣传攻势给投资者形成的观念定式。开发商推出的商铺价格不断创出新高，这需要更强大的消费(投资)需求来支撑，而刺激消费需求的"不二法门"便是更高的投资回报率，这样才能吸引更多的投资者和经营者关注，把价格抬高。

投资者面对越来越高的价格，自然也会有更高回报率的心理预期，当这样的心理预期和开发商的宣传允诺相吻合并得到多次强化后，便形成了一种"高售价=高租金=高回报"的心理定式，使投资者相信"付出总有回报"这个朴素的道理也同样适用于商铺投资。

但在商铺投资这个高回报、高风险的领域，并不是所有的付出都有回报，而且售价和租金、回报也不一定成正比。客观地说，在正常情况下，售价高的商铺价值一般也比较高，租金也会比较高，因而投资回报性较好。但售价常常不是单纯由其价值决定的，它在很大程度上取决于市场供求形势的影响，也和开发商的策划包装、宣传推广活动关系密切，投资者就常被这些因素所蒙蔽，无法认识商铺的真实投资价值。

另一个造成售价、租金脱节的原因是商铺对地段、位置的敏感性。相近地段、相近位置的商铺在定价出售时往往相互参照，价格差别不是很大。但租金就不同了，它是不能相互参照的，一街之隔可能天壤之别，临街不临街可能迥然不同。

所以说，投资商铺不能根据售价高低判断其投资价值，稍有不慎可能就买到"高价低租铺"，预期收益不能兑现，还得背负沉重贷款负担。

4.5.5　商铺的大饼会越来越大

很多投资者投资商铺考虑的首要因素是"投资回报率"。投资回报率高意味着租金高，收回初期投资的年限越短，也意味着商铺升值潜力越大，转让收益也就越高。

对投资回报率的迷信使开发商和销售商们做足了投资回报率的文章，一些商铺甚至允诺15%以上的回报率，公开宣传只赚不赔，以夸大不实的宣传吸引投资者。

其实仔细分析一下我们就会发现，很多开发商的宣传就是讲故事，就像是在讲百万富翁一夜致富的"天方夜谭"，其对投资回报率的测算剔除了很多变动影响因素，更是经不起推敲。投资者要走出商铺投资回报率的认识误区，要厘清下面几个问题。

首先，租金永远都是个动态的参数，目前的高租金可能是市场严重供不应求所致，并不能代表长期的高租金，也不能保证连续 6 年、8 年甚至 10 年都能以这个租金水平来出租商铺。这种大饼并不一定会越摊越大，它也会越摊越薄，回报率就是个变量。所以，用某一时点的静态租金水平去测算投资回报率是很不科学的。

其次，投资回报率也是个动态指标，它会随着各种因素的变动而变动。比如地段竞争环境改变、商业规划改变、经营业态业种改变、整体供求形势变化等因素都可以影响到投资回报率的动态调整。所以，那些一开始就设定投资回报率的商铺肯定有问题，至少是不能代表未来变化的初步测算，只能作为参考。

最后，从国外成熟的商铺投资回报率来看，综合回报率一般在 5% 上下，极少有商铺投资回报率超过 10%，其回收期一般也在 10 年以上。不可否认，在商铺发展初期，价值没被人认识到，会出现售价较低的情况，同时商业竞争不激烈，租金也较高，因而回报率会比较高，但现在已大大不同，投资回报率早已回落到正常水平，开发商再动辄允诺 15% 以上的投资回报率，我们就得擦亮眼睛好好看看了，对那种"投资现在就是投资未来"的动人宣传就得警惕了，到底"大饼"能否做大，不能单凭开发商一张嘴了。

4.5.6　商铺租金高低决定投资价值

诚然，投资者投资商铺很大程度上是因为有未来良好的租金预期，他可以用收取租金的方式逐步收回购铺款，或者在较高的租金水平下顺利转让商铺以获利。租金不可说不重要。但如果单纯认为租金高的商铺就值得投资，租金低的商铺就没有投资价值，就有失偏颇了。在这里，笔者建议投资者避免下面常见的对租金的误解。

第一，租金高不一定值得投资，租金低也不一定就是"垃圾商铺"。租金高售价也高，对经营盈利要求也高，因而风险也大，需要综合衡量决定。而租金低的商铺售价也低，对业态业种要求不高，容易出租，虽然收益不高，但风险很小，如果合理选择就有较大的升值空间。

第二，租金的高低并不是由商铺本身来决定的，它更多地取决于经营环境、地段位置、业态定位、客流大小、商业气氛、竞争程度等外在因素，所以说租金的变化是最快也是最难以捉摸的，我们决不能以当前的租金水平来衡量商铺投资价值，一定要全面考量所有影响因素，并考量影响长期利好利空的因素，判断租金在未来一段时期的走势，当然最好请专业商铺投资咨询机构来进行评估。

第三，在商铺出租时，租金高的经营业主并不一定是最合适的经营业主。如果把商铺以较高租金租给不能承受高租金的业态业主，比如便利店和餐饮行业，那么即使暂时能取得高回报，长期来看也会因业户不堪重负而退出，导致商铺空置，影响了投资者的长期收益。所以说，在出租商铺时，要寻找最合适的租户，而不是出价最高的租户。

第 5 章

写字楼和学区房
投资的技巧

写字楼和学区房也是近年来房地产市场备受关注的热点，房地产投资者一定要掌握它们的投资方法与技巧。本章首先讲解写字楼投资的技巧，然后讲解小户型写字楼的投资风险与策略，接着讲解学区房投资的技巧，最后讲解学区房投资的风险。

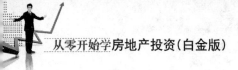
5.1 写字楼投资的技巧

近几年来，写字楼需求旺盛，高投资回报的写字楼成为投资市场的关注焦点和投资者追捧的热点。

5.1.1 什么是写字楼

写字楼，即办公用房，指机关、企业、事业单位行政管理人员、业务技术人员等办公的业务用房。现代办公楼正向综合化、一体化方向发展，由于城市土地紧俏，特别是城市中心区地价猛涨、建筑物逐步向高层发展，使许多中小企事业单位难以独立修建办公楼，因此，房地产综合开发企业修建办公楼，分层出售、出租的业务迅速兴起。写字楼如图 5.1 所示。

图 5.1 写字楼

写字楼按市场目前流行两大评定标准，可分为两种，分别是甲级写字楼和 5A 写字楼，如图 5.2 所示。

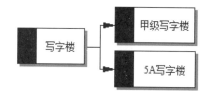

图 5.2　写字楼类型

所谓甲级写字楼，实为一种通行叫法，并没有固定标准，因为谁也不愿意被叫成乙级写字楼。这样，恨不得任何一个有玻璃幕墙、带电梯、"长"得高一些的写字楼都自称为甲级写字楼。

相比之下，5A 写字楼倒是有一定的标准，分别是黄金区位、超大规模、建筑文化、硬件设施、软件服务，如图 5.3 所示。

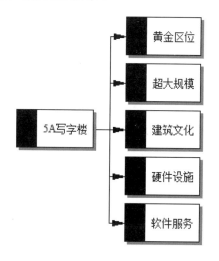

图 5.3　5A 写字楼

1)　黄金区位

业内有一种说法，房地产开发有三大要素，第一是地段，第二是地段，第三还是地段。这对于酒店来说，可能并非个个是真理，但对于写字楼，几乎无反例，因此它是投资和购买写字楼的第一要素。

2)　超大规模

这里所说的超大规模，不仅是指建筑体量本身比较大，而且更强调其规模的伸展力及拓展性。一方面，不仅是写字楼建筑本身的规模要大，而且必须要有强大的综合配套，经营成一个集写字楼、公寓、商住、星级酒店、会展中心、休闲娱乐及购物中心于一体的大空间。另一方面，还要视其交通条件而论，四通八达的交通一定是其写字楼规模的重要支撑。一个写字楼如果没有相当大的建筑体量和规模化的配套设施，

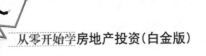

是难以称得上 5A 写字楼的。

3) 建筑文化

所谓建筑文化,对酒店可能是指国王饭店、皇后饭店这样的历史文化,但对于写字楼而言,与其说是世贸中心、国贸中心这样的品牌文化,倒不如直接说成是摩天大楼的建筑文化。因为无论西方还是东方、发达还是落后,一谈到写字楼,都有明显的摩天大楼情结。尽管美国世贸中心被炸影响了世界各地对摩天大楼的追求,但这是暂时的。因为从道理上讲,低矮的五角大楼也同样易于被攻击。

4) 硬件设施

就像星级酒店在硬件配套上追求奢华极致一样,在写字楼方面追求的硬件,更多的是科技与创新。这好比比尔·盖茨的科技豪宅与常规豪宅的区别,当然,科技豪宅也同样拥有奢华,只是强调重点已经转移。除此之外,其所用的建筑技术、标准层高、标准承重、弱电系统、新风系统,以及电梯、智能设备等,都较酒店更先进。但就写字楼的本质而言,硬件设施的最大追求应该是创新,主要体现在建筑设计和建筑功能的创新上。

5) 软件服务

相对酒店的五星级服务标准,写字楼服务有了明显的变化,一方面体现在高效的物业管理上,另一方面体现在对入住企业的专业化商务服务上。比如,将洗衣送餐这些酒店式服务改写为卫星会议、活动策划、会展中心等服务。又如,一些新型写字楼不仅能够实现全天候空调节假日无休,而且还在送餐、夜餐甚至代办员工地铁月票等方面下功夫。

5.1.2　投资写字楼要把好三关

写字楼与住宅,都具有投资功能,但二者是不同的。写字楼租不出去时,只能闲置在那里,而住宅则可以自住。另外,写字楼的售价一般比较高,并且首付按揭贷款较高,需要较强的首付能力和还款能力,所以写字楼的投资风险比较大。在投资写字楼时,要把好三关,如图 5.4 所示。

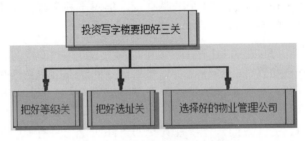

图 5.4　投资写字楼要把好三关

1)　把好等级关

投资写字楼，要注意两大风险，即等级风险和区域风险。写字楼市场根据物业标准和区域特征等因素可以做进一步细分。投资者在选择时，要按照自己的要求对符合条件的写字楼进行全方位的、综合的评估，包括地段、值勤、运营成本、物业管理等。

另外，同等级的写字楼也要和周边区域的发展和定位相匹配。因此，对投资者来讲，要规避写字楼市场的风险，就要在投资之初充分了解客户的需求以及地块的区域特征，再结合这些因素选准等级。

2)　把好选址关

选址是一门学问，如果将投资住宅的方法生搬硬套在写字楼投资上，很可能使投资者处于被动境地。投资者可以选择在交通状况比较好又靠近商业区的地段进行投资，因为这些地方的写字楼会依赖成熟的配套而迅速被市场接受，同时又可为日后获得稳定的投资回报打下坚实的基础。

3)　选择好的物业管理公司

如果物业管理公司挑选得好，就能够为投资者省去不少麻烦。投资者在投资写字楼时，一定要对物业管理公司进行考虑，因为在此后的很长一段时间内要接受这家公司的服务，如果物业管理不到位，将会影响到投资者的收益。

5.1.3　写字楼投资的注意事项

写字楼投资尽管是个人投资的新"金矿"，但对很多投资者来说还是一个新生事物，如果你对写字楼产品不熟悉，对其"技术要点"并不了解，投资风险很大。写字楼投资的注意事项，如图 5.5 所示。

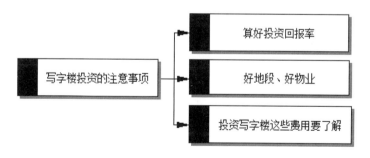

图 5.5　写字楼投资的注意事项

1)　算好投资回报率

写字楼虽然会有较高的投资回报率，但同时，由于写字楼投资总价高，变现期长，对于投资者来说就需要理性地分析，谨慎投资。

每个想投资写字间的人，可能都会问到"哪个区域最容易升值"，固然，升值潜力很重要，但业内专家提醒：投资者在投资写字间的时候，还是应该从个人的资金情况入手选择，首先确定自己能买得起什么价位的写字间，之后再在这个价位区间内选择投资环境相对较好的写字间，在这个过程中，投资回报率是一定要注意的问题。那么如何计算写字间的投资回报率呢？

根据现在通用的计算公式：购入再出租的投资回报率=月租金×12÷售价×100%。

例如，现有一处写字间，面积约 110 平方米，售价约为 7000 元/平方米，根据此处写字楼周边的物业分析得知，月租金约为 4000 元，计算得知，这处写字间的投资回报率为 6.2%。投资者即可根据投资回报情况，控制自己资金流。

2）好地段、好物业

写字楼投资特别要看准其地段价值，特别要注重该地段的发展潜力，诸如其今后是否会有更多的商业房产出现在周围。对于投资者而言，其不仅要考虑写字楼是否租得出去，还要想好要租给什么人。

例如，长春目前的几大商圈中，桂林路写字楼的业主多为时尚类经营者为主，红旗街写字楼的业主多以 IT 类经营者为主，西安大路沿线写字楼的业主多以大中型企业为主。

另外，写字楼所处的交通位置及便利程度也尤为重要，如果地理位置偏远，交通不方便，相对来讲就不适宜投资。如果写字楼周边交通线路发达，价位又合适，那就可以投资。

作为投资型物业，写字楼的增值、保值要通过物业管理服务来实现。物业公司管理的好坏，直接决定写字楼的用水、用电是否顺畅，垃圾清运是否及时，以及车位管理的好与坏等方方面面的问题。相信不会有公司喜欢在脏乱差的环境中办公，因为这不仅会影响到办公的情绪，也会影响到公司的形象。因此选择投资写字间时，调查物业公司的管理情况亦不容忽视。除此外之，写字楼所拥有的停车位多少也很重要。

3）投资写字楼这些费用要了解

水费和电费一般都按办公标准收取，采暖费是 28 元/平方米，高于住宅。物业费则根据不同的物业管理情况收取。明细费项可在出租时与租客约定，由实际使用者承担。

需要注意的是，写字楼属于投资型物业，在出租过程中，难免会有空置的时候，但物业费是要照常交纳的。因为写字楼属于非住宅，因此在办理产权证的时候所缴费用与住宅不同，契税为成交价的 5%(住宅为 1.5%或 3%)，物业维修资金为成交价的 2.5%(与住宅相同)，手续费为成交价的 0.3%(住宅为 3 元/平方米)，登记费 65 元/套(登记建筑面积超 100 平方米的，每平方米加收 0.3 元，住宅是 80 元/套)。

5.2　小户型写字楼投资的技巧

随着通货膨胀压力的不断增大，小户型写字楼受到了大众投资者青睐。有很多小户型写字楼，在推出房源当天就被抢购一空。为什么小户型写字楼这么受欢迎呢？下面来进行具体讲解。

5.2.1　小户型写字楼及其优势

小户型写字楼，在概念上是指单一提供 100 平方米以下办公单元的写字楼。现今的小户型写字楼，较之以往在概念上有了一些变化，以往的小户型写字楼多指一些面积偏小的商住楼，而如今小户型写字楼则指只提供办公功能的物业。

小户型写字楼从 2002 年年初开始崭露头角。时至今日，已经成为各方面瞩目的焦点。以上海为例，2015 年，上海共推出写字楼物业 75 例，其中小户型写字楼有 10 例，占总数的 13.3%；100 平方米以下面积的有 35 例，占 46.7%。

小户型写字楼投资走俏的主要原因在于投资成本低、风险较小，也正是这个原因，使投资者看到其未来前景。

写字楼受到投资者关注还有其特殊原因，由于政策调控影响，例如征收营业税，职消转按揭等措施，使得住宅市场投资受到较大冲击。相比而言，写字楼投资却没有那么多限制，这使得投资者投资写字楼的热情稳步上升。

另外，小户型写字楼在租赁市场上一直表现不俗，租金水平稳步上涨，因此投资小户型写字楼比较有保障。

5.2.2　小户型写字楼的投资策略

怎样把握小户型写字楼的投资机会呢？首先要立足于大的视角，从大的区域、规划、目标客户群的角度来考虑，只有这样才能找到真正适合的投资对象。

根据小户型写字楼本身的特点，投资者可以从小处着眼把握机会。

首先，小户型写字楼往往多为个人投资，自行出租有不小难度，大都会委托物业管理公司出租，所以物业管理公司水平的高低会影响到写字楼在租赁市场上的行情，好的物业管理公司能起到促进作用。目前，很多小户型写字楼是酒店式公寓的管理模式，因此投资者在调查物业管理公司资质时，也可了解一下其酒店管理经验。

其次，精装修物业是首选。要尽量选择装修过的物业，这与投资大面积的写字楼有着明显的不同，市场上精装修物业的出租状况更好一些。

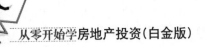
最后，要用长远的眼光看清小户型写字楼所在区域的成长性，同时，由于小户型写字楼面积小，所以更应该注重整体的格局，有效地使用面积，避免有局促感。

5.2.3　小户型写字楼的投资风险

小户型写字楼作为一种独特的商用物业，在具有投资灵活的特性外，也集聚了不少风险，对于这一点投资者一定要清楚。小户型写字楼的投资风险主要表现为五点，如图 5.6 所示。

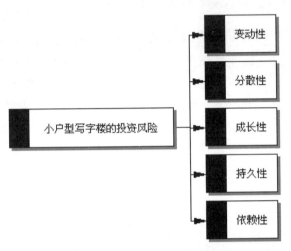

图 5.6　小户型写字楼的投资风险

1)　变动性

很多小户型写字楼项目都号称投资回报率为 10%左右，但实际上这是建立在现有租金水平基础上的。如果地段的成长性一般，未来租金水平有可能不升反降，那么所谓 10%的投资回报率也就无法实现。

同时，地段成长性差一般还会影响写字楼本身的升值潜力，使得通过转让写字楼获利的愿望落空。所以，投资者一定不能被一些物业的表面现象所迷惑，需要从全方位的角度来考虑问题。

2)　分散性

小户型写字楼在区域的分布上较为分散，缺乏集中性；而顶级写字楼的分布一般较为集中。这也使得小户型写字楼具有较强的个性，不同小户型写字楼之间的差距比较大，不少小户型写字楼销售走俏，而另一些小户型写字楼项目却受到了冷遇。

3)　成长性

小户型写字楼的投资风险主要在于地段的成长性，一些成长性一般的区域由于升值空间有限，不值得去尝试。

其实，写字楼价值的提升以及租赁市场的好坏，与区域的成长性有着密切的联系，因此专家人士说，写字楼所在区域的成长性是投资成败的关键。

想捕捉写字楼市场中的黑马，就必须把握区域的成长性。有些区域虽然现在还不成熟，但由于潜在的规划赋予了其较大的成长空间，商务气氛将会大大提升，此类物业就值得关注。

4)　持久性

租小户型写字楼的不外乎两种企业，一种是刚起步的小公司，另一种是大公司。刚起步的小公司支付能力较差，支付稳定性也低，甚至有可能中途倒闭导致退租；而大公司落地生根后，会迅速扩张，也会出现提早退租的情况。

由于写字楼自用功能较差，一旦出租发生问题，较高的营运成本会给业主带来很大的压力，而再次转手也比住宅困难。

5)　依赖性

小户型写字楼分布较为分散和独立，使其对周边区域的配套有着较大的依赖性，这样会对写字楼的租赁带来较大的影响，所以投资者特别要避免那些价位虽然不高但周围配套设施有缺陷的写字楼。

例如，有些写字楼是以前的烂尾楼改建的，周边根本没有像样的商业配套设施，交通也不方便，因此未来吸引租客就比较困难。

5.3　学区房投资的技巧

"望子成龙"这个成语表达了每一位父母盼望子女成才的殷切期望，家长都希望孩子能接受重点学校的良好教育，而很多城市规定学生要分片区就近入学，于是，学区置业，就成为投资新热点，并且学区房"钱景"看好。

5.3.1　学区房重在软件环境

房地产竞争主要是硬件和软件的竞争。硬件主要是建筑、规划；而软件则主要是人文环境，更是一种居住文化。开发商通过精心打造的学区房，其实就是在软件上下功夫。

良好的教育品牌，既可以提高小区的附加值，又可以增加小区的人文色彩，所以常常受到开发商的青睐。国内"教育地产"的概念最早出现在广东，然后慢慢被各大城市所效仿，都在不断推"名盘+名校"的优质学区房。

教育概念是符合开发商和业主需求的。对开发商来讲，在楼盘硬件越来越同质化

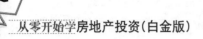

的今天，名校概念会增加卖点，有助于销售，并且能提高附加值，增加利润。对业主而言，"望子成龙"是父母的心愿，在购买楼盘时，会考虑附近有名校的楼盘，以解决日后子女读书的问题。

总之，随着越来越多的房地产与教育的合作为学，区域内优质教育资源和教育理念的发展提高，会有助于人文环境的改善，提升整个区域教育的水平。

5.3.2 学区房前景看好的原因

依靠教育是房地产发展、升值的重要途径，具体原因可以归纳为四点，具体如下。

(1) 名校效应，特别是有名的大学能带动房地产的发展。

(2) 名校周边一般配置比较完善，这可以为房子的升值提供筹码。

(3) 周围的人文环境浓厚，一些大公司往往愿意在高校周围设立总部基地。

(4) 中年人对于下一代的教育尤其重视，愿意为子女多交几万元择校费，所以学区房对他们有较大吸引力。

5.3.3 学区房地产常见的办学方式

学区房地产常见的办学方式共有三种，如图 5.7 所示。

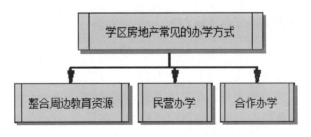

图 5.7 学区房地产常见的办学方式

1) 整合周边教育资源

不少地产项目人气旺盛之后，常常采取收编的方式与周边学校加强合作。当然，也有周边学校主动找楼盘寻求"共荣"，这种就地取材的办学方式其实是一种赞助性质的，即开发商通过对学校进行校舍改造或投入办学经费，而学校为业主提供方便的同时，也为开发商的配套设施添砖加瓦。

2) 民营办学

一些房地产项目，开发商需要投资学校硬件，向社会招聘师资自办学校。当前，一般小区中的幼儿园大多是这种办学方式。

3) 合作办学

合作办学可分两种，分别是民办公助和公办民助。合作办学的方式大多是，开发商出地、出资，在校舍、设备等硬件上投资，并负责硬件设施的维护管理；学校出师资，负责日常教学管理。

这种方式是，有钱的出钱，有力的出力，开发商与学校达成了最优资源组合。特别是将教育作为产业看待的开发商，会把办学放在与地产开发同等重要的位置，业主将是最大受益者。

5.4 学区房投资的风险

投资就有风险，当然学区房投资风险也不小。投资者在投资学区房时一定要小心其宣传陷阱、配套不到位风险、教育质量不好，收费却贵得吓人风险，如图 5.8 所示。

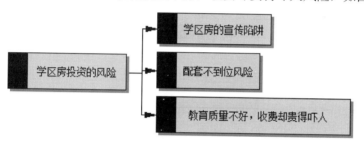

图 5.8 学区房投资的风险

5.4.1 学区房的宣传陷阱

很多投资者投资学区房，主要是相信开发商宣传的"住名宅，上名校"的宣传承诺。其实，"买房"和"上名校"没有什么必然的联系，对于这一点，投资者一定要小心开发商的宣传陷阱。

现在的适龄孩子上小学、中学，都是划片入学，开发商于是打出"买住房保证孩子上名校"的旗号，一是想利用地理优势，二是依靠自建学校，但这两种情况都未必能兑现先前的承诺。

首先，一些建在名校附近的小区所宣传的地理优势并不牢靠，因为划片范围每年都可能变动，所以说绝对的地理优势是不存在的。并且划片并不是绝对按照小区与学校的距离而定的，即使小区与名校隔路相望，也不能保证一定会划入名校的招生范围之内。

其次，小区自建学校，可以让业主的孩子享受本小区内的教育资源，但一些开发

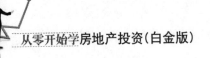

商让自建学校挂上名校分校的牌子，宣传时又刻意模糊自建学校与名校的差别，对一些购房者产生了误导。

5.4.2　配套不到位风险

"在家门口上名校"，已成为开发商楼盘宣传的主要卖点之一，买房看教育配套正日益成为投资者投资的新理念。

抓住投资者的心理，以教育配套为主题的楼盘在竞争中脱颖而出，销价不菲。但是，一些楼盘却在开发过程中，把应建的配套设施省略了，造成许多业主的子女入学难。

以青岛为例，该建未建的学校有 300 多所，按照规划，李沧区住宅小区应配套中小学 80 所，可到现在已建成的中小学只有 30 来所，缺口较大。

当然，也有一些楼盘没有按照规划配套建设学校，从而造成居民子女就近上学难。很多学校的老师都抱怨：现在的班级都塞得满满的，学生太多，管理起来太难了。

5.4.3　教育质量不好，收费却贵得吓人

投资学区房，最吸引我们的是名校与楼盘的结合，但名校与楼盘的结合又让我们最担心。名校需要有良好的教育环境、优秀的教师和先进的教育理念，那些远离名校总部的"挂名名校"能保证这些吗？学费会不会贵得吓人呢？

青岛一家以"教育"为卖点的楼盘的业主，把开发商告上了法庭，理由是小区学校名不副实，教学质量不怎么样，但收费高得惊人，小学生一年的学费接近三万元，业主认为上了当。

据了解，该楼是由开发商与一所外地名校联合兴办的民办学校，经物价部门批准收费可以高于公立学校。但问题是，孩子到那里上学以后，成绩不是提高了，而是还不如以前，同时，还抱怨当初购买楼盘时，开发商没有告诉收费的情况，只是一味地宣传这所学校的教学质量。

第6章

地铁房和异地置业
投资的技巧

地铁对投资者购房意愿的影响是显而易见的，因为地铁缩短了郊区与市中心的时间距离，快速扩展了人们的生活、就业、购物的空间，使得郊区生活、市区上班模式更容易实现。

另外，由于二三线城市房价相对较低，投资回报率较高，发展前景看好，所以越来越多的人开始选择异地置业。本章首先讲解地铁是楼市的"兴奋剂"，然后讲解地铁房的投资技巧(地铁沿线的新房、二手房、商铺的投资技巧)，接着讲解异地置业投资的技巧，最后讲解异地置业投资的风险与规避技巧。

6.1 地铁给楼市带来什么

地铁改变了旧有的商业、居住格局和人们的生活方式。大多数投资者认为地铁可以缩短交通时间，增加对购物场所、餐饮消费、娱乐场所的选择面。人们购物不一定要到市中心商业区去，而会选择一些地铁能到达的、更方便的小型商业区。正是这种变化，使越来越多的大型商业区在向郊区转移，从而改变了传统的商业布局。

6.1.1 地铁是楼市的兴奋剂

地铁的开通，给人们的生活习惯、城市格局、房地产市场都带来了变化。它缩短了人们的空间距离，居住在偏远地方的居民也可以乘地铁直达市区；不论遇到什么天气状况，地铁都会准时发车、准点到站，对上班族相当有利；地铁串起了不同的商业区域，为在其间就业的人员提供了便利；而且，随着配套设施的建设，地铁沿线的衣食住行各方面将逐渐完善。因此，各种因素都导致地铁周边房地产项目被普遍看好。

在各大城市，只要地铁项目即将开建的消息一传开，不少投资者就开始在地铁物业上做文章。因为地铁物业拥有地上和地下双重交通优势，其升值潜力也比非地铁物业高。所以，在未来几年内，地铁物业仍是投资热点。

地铁是楼市的兴奋剂，例如，上海莘庄一带的房价，刚开始只有 1500 元每平方米，但通地铁后，房价连年攀升，使该地区在短短几年内一跃成为上海的新兴住宅区。地铁是一个城市现代化、国际化的标志，是现代城市文明的一种象征，它是贯穿城市的细胞。地铁的通车，将全面带动整个城市的经济发展，巨大的人流无疑会带来巨大的商机。由于地铁与居民生活密切相关，从国外发达城市的经验来看，地铁各站周围很可能成为银行、药店、便利店、干洗店等商家必争的黄金宝地，其带来的直接效益更是数不胜数。

另外，由于地铁的开通扩大了市民消费心理半径，地铁站点形成了漏斗效应，人们消费习惯也随之改变，地铁将把人们从地上消费引导到地下消费。

6.1.2 地铁对房产的增值到底影响多大

细心的投资者会发现，某个城市的地铁规划方案一出台，开发商便闻风而动，纷纷打出"地铁物业"这张牌进行炒作。而投资者这时也会蜂拥而上，对于即将开通地铁的地区，人们也会期待自己的房子不断升值，期望地铁为他们带来财富，在他们眼中，仿佛地铁沿线物业升值有望，稳赚不赔。

地铁对房产的增值到底影响有多大，真的能如你想象中那样稳赚不赔吗？根据统计资料，地铁影响沿线房屋价格变动的特征如图 6.1 所示。

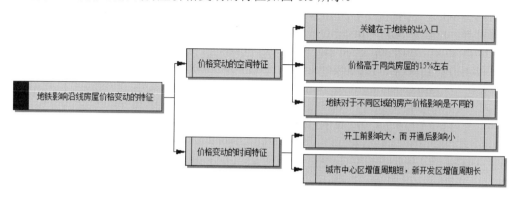

图 6.1　地铁影响沿线房屋价格变动的特征

1. 价格变动的空间特征

地铁影响沿线房屋价格变动的空间特征主要有三项，具体如下。

1)　关键在于地铁的出入口

首先，就某一个车站来说，在理想状况下，离车站越近，房屋价格越高，呈现出正相关的分布特征。因此，车站附近的房屋价格一般高于位于该区域的房屋价格，即对投资者来说，最有价值的不是一条地铁线本身，而是其出入口。

2)　价格高于同类房屋的 15%左右

车站地区范围内的房屋与所在区域其他类似房屋相比，前者比后者的价格要高出15%左右。而那些高于这个幅度的增值，应该是将其他因素的影响也掺杂进来了。

3)　地铁对不同区域的房产价格影响是不同的

同一条地铁钱，位于不同区位的车站，其周边房屋价格的空间特征是不同的。成熟的城市中心区，由于原有的区位条件已经相当优越，所以地铁的建设对其区域内的房屋价格影响不明显；而对于接近城市边缘的地区来讲，由于区位条件的改善程度高，所以房屋价格影响明显。

因此，越是交通不成熟的区域，地铁建设对周边地区产生的效益越大，房屋价格的升幅也就越大。

2. 价格变动的时间特征

地铁沿线房屋价格的变动，会随着地铁线路的规划、施工、启用而有不同的成交价格。地铁开工前，人们往往产生对房屋预期心理的增值，这个时期的房屋价格升值幅度通常较大。从投资心理上来说，在开通前，投资者期望地铁影响房屋的升值，因此房屋价格就会上涨，从而反映出这种期望。例如，广州地铁 1 号钱的花地湾站附近

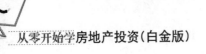
的大规模开发始于 1993 年，1994 年其住宅的平均售价为每平方米 4000 元；到 1997 年，地铁开通前上升到每平方米 6000 元；但地铁开通后，不仅没有上涨，1999 年反而回落到 4000 元附近，到 2001 年更是跌至 3000 元附近。这说明，地铁概念在前期用得过多，地铁开通后不可能再次成为楼盘销售的卖点，成交价也因此下跌。

一般来说，城市中心区由于其商业气氛已经形成，其增值的周期很短，而新开发区的增值周期相对较长。

6.2　地铁房投资的技巧

地铁作为生活概念，在很大层面上促进了房地产业的发展，其物业效应是看好的，也相当受投资者青睐。在香港、伦敦等地铁发达的城市，地铁沿线盖房屋已成为最具升值潜力的项目，地铁附近也成为房价较高的地区。

地铁确实给房地产业带来了巨大商机，但地铁并不是点石成金的神奇手指，在投资地铁沿线房屋时，也要注意一些技巧，否则也会被套在高位。

6.2.1　地铁沿线选房的技巧

在地铁沿线，投资中低端住宅最好，这是因为地铁物业的升值预期在中低端住宅上体现得最为明显。地铁的出现给投资者带来了前所未有的机遇，对于豪宅而言，是否在交通干道或沿线意义并不很大；对于写字楼项目的影响也比较突出，但对中低端住宅的影响最为明显。

以广州为例，随着地铁 2 号线的开通，地铁沿线的新楼盘、大型购物中心不断出现，地铁沿线写字楼也日渐走俏，其中地铁沿线新楼盘上涨幅度为 50%左右，写字楼上涨幅度为 30%左右，而豪宅变化不是太明显。地铁作为交通工具，对不同区域的楼盘有不同的拉动作用。在配套设施完善的区域，楼盘升值空间不会太大，投资者购买这一区域地铁沿线的房屋时，可以把地铁作为一种附加值，但不能期望太高。

而在交通、商业配套等方面相对落后的区域投资，也许会有较好的收益。地铁商铺作为固定资产投资，其回报期应控制在 10 年左右，地段不同决定了商铺的投资方向不同，回报期也就有较大差别，盲目投资必然会造成损失。虽然地铁是投资者购房的重要参考因素之一，但并不是说通过地铁，房子一定会升值，一定能卖个好价格，理性的投资者应当关注楼盘本身的规划设计和综合品质。

6.2.2　地铁沿线选二手房的技巧

无论哪座城市，地铁的规划兴建都会对沿线楼盘产生很大的影响，因为地铁的建设在根本上是整个社会对土地改造投入的绝对增加，土地的价值也必随之增加。

地铁物业的增值不只是表现在新楼盘上，更多会带动二手房，毕竟二手房的总量更大，分布更广，那么该如何投资地铁沿线的二手房呢？

地铁沿线选二手房的技巧如图 6.2 所示。

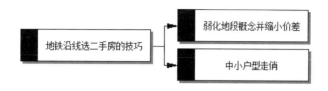

图 6.2　地铁沿线选二手房的技巧

1)　弱化地段概念并缩小价差

地铁的快速和通达性将使城市的地段概念进一步弱化，相邻等级区域的房价也将更加接近，地铁开通后，二手房市场将面临的最大变化是地段价差的缩小。

以广州为例，地铁开通前，其市中心住宅均价为每平方米 6000 元左右，郊区住宅均价在每平方米 3000 元左右。地铁开通一年后，其市中心住宅价格没有明显的变化，而郊区住宅均价却上涨到每平方米 4000 元左右。

2)　中小户型走俏

地铁沿线二手房成交的主打品种是小户型和总价低的房屋。地铁作为大众化交通工具，受其影响最大的购房者是以工薪阶层为主，并且自住型购房者占绝大多数，因此，适合中低收入人群的中小户型、低总价的房屋成为地铁沿线二手房销售的热点。

另外，一些区域的生活配套完善速度与地铁经济发展速度不一定能达到平衡，也造成地铁沿线中高档房屋难以成为主流的重要原因。

6.2.3　地铁沿线选商铺的技巧

地铁的开通，最直接、最明显的是使人们出行变得更加方便，而且还形成了综合的"地铁经济效应"。例如，客流的增加使周边的商业繁荣，交通、商业的改造又带动了地价的升值。另外，房地产项目本身的区域性相当强，而地铁的开通使周边项目的辐射范围更广。下面三种类型地铁商铺值得重点关注。

(1)　原有的商业旺地和地铁站结合的商铺。

(2)　两条地铁交汇点的商铺。

(3)　站间距较远的站点的商铺。

虽然，地铁商铺比一般商铺有更好的前景，但不同区域的升值潜力是不一样的，还要看周边的人口规模。另外，地铁商铺要有打持久战的准备，因为顾客消费习惯的形成需要一段时间的培养。

6.2.4　买房不是离地铁越近越好

一般来说，地铁周边在一定程度上存在噪声、振动、人流量大等问题，因此，一方面对于环境要求高的投资者来说，紧靠着地铁项目并不是最好的选择。另一方面，对于居住者来说，地铁运营带来交通便捷的同时，也会影响居住的私密性。

从安全性、私密性的角度来讲，居民住宅社区人口与地铁站入口之间距离最少要保持 200 米，人流量较大的主要站口与住宅社区之间则应距离 300 米左右。同时，购房者可以在选房时，针对房屋建筑材料仔细询问。如建筑的窗户最好采用中空双层玻璃，而非普通双层玻璃，能够有效隔阻噪声和粉尘等。

有些开发商，为了保证业主的居住安全和安静，在地铁沿线进行开发时，常常会考虑对住宅项目的入口围合、安防系统等方面进行改进，以建材或适当的设计改良来缓解这些居住弊端，以免破坏居住效果。

根据资料统计可知，地铁效应往往被周边楼盘提前消化，经常在地铁尚未正式开通，周边楼盘的开发商就一通热炒，使楼盘价格透支了地铁效应。另外，完善的交通配套也部分抵消了地铁效应，例如上海地铁 4 号线沿线的一些楼盘由于交通本来就非常方便，因此地铁开通后房价几乎没有什么变化。

6.3　异地置业投资的技巧

异地置业，这个概念最先出现在香港。20 世纪 90 年代初，饱受高房价之苦的香港人纷纷到地价只有香港 1/4 的深圳投资置业，从而开了国内异地置业的先河。

6.3.1　异地置业的主要形式

最近几年，异地投资者的数量越来越多，下单越来越大，眼光也越来越准。异地置业主要有三种形式，分别是购房团、个人投资者、企业异地拓展，如图 6.3 所示。

1）购房团

代表着一个家族或房地产置业圈子与开发商谈判，买下整幢楼或数十套的"购房团"。这样的异地项目投资往往能拿到相对便宜的价格，投资回报率高。

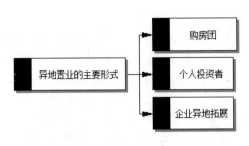

图 6.3　异地置业的主要形式

2)　个人投资者

对项目招商者来说，这些人是散客，第一次去考察很关键，如果成功可能会带动身边很多人。有些散客往往是以前与开发商合作尝到甜头的人，看中的是开发商的信用和口碑。

3)　企业异地拓展

在宏观调控形势下，异地开发甚至成了大企业分散经营风险、中小企业求得生存的必由之路。而异地开发的区域选择也从一级城市向二级城市、三级城市扩展。

6.3.2　异地投资项目的主要类型

异地投资项目的主要类型有四种，如图 6.4 所示。

1)　异地的旅游景观房地产和产权式酒店

异地的旅游景观房地产和产权式酒店，这类项目投资有稳定的回报，例如产权式酒店都有 6%～8% 的年回报率，比较吸引投资者，而且有的产权式酒店还给投资者20～30 天的免费入住优惠。

对于投资者来讲，一方面可以赚钱，另一方面还可以在风景如画的地方度假，相当有诱惑力。

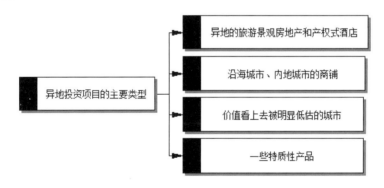

图 6.4　异地投资项目的主要类型

2)　沿海城市、内地城市的商铺

一方面，有一部分中小民营企业的业主，生意涉及许多城市，对当地的情况比较了解，买下写字楼或商铺一方面是投资；另一方面也为公司的业务拓展带来方便。

3)　价值看上去被明显低估的城市

例如一些内陆省会城市的房价还有一定的上升空间，所以被投资者所看好。

4)　一些特质性产品

例如上海黄浦江边的商新物业、亚运会概念房地产，这些特质性产品也能吸引投资者的目光。

6.3.3　异地置业投资热的原因

异地置业投资热的原因有两点，分别是价格优势明显、住宅质量大大提升，如图 6.5 所示。

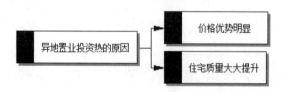

图 6.5　异地置业投资热的原因

1)　价格优势明显

近几年来，大量二三线城市的购房者涌入一线大城市置业，在一定程度上助推了一线城市房价的高涨。这种现象的逐渐加剧，也阻挡了一部分外地购房者进入一线城市的步伐。

一般情况下，当二三线城市与大城市房价差在两千元左右时，二三线城市的购房者会向大城市涌进；当这个差价达到四五千元左右时，二三线城市的购房者就会望而却步，转而成为二三线城市楼市的主要购买群体。

2)　住宅质量大大提升

近几年来，很多二三线城市街道狭窄、交通拥挤、楼间距小、缺少社区配套等问题已经得到了很大改观，不少新兴居住区的居住环境已经相当不错了。有些项目，还打出超宽楼间距、山地住宅、亲水家园等理念，丝毫不逊色于一线城市的优质住宅。此外，全新的交通规划，也大大拉近了与其他城市的地理距离，从而增加了地产项目的附加值。

6.4　异地置业投资的风险与规避技巧

异地置业淘金，远没有表面上看上去那么简单，投资者一定要注意风险。市场的不完善、居住理念的不成熟、城市规划的多变性等，异地置业城市存在的各种未知因素都是潜在的风险。

6.4.1　异地置业的风险

在异地城市投资房地产，不能盲目而行，一定要全面考量后再做出决策。具体风险如图 6.6 所示。

1) 市场性风险

市场性风险主要是指市场供需状况引发的投资风险。对于绝大多数房地产投资者来说，二三线城市最吸引人的原因在于房地产的绝对低价，这是诱导投资者冲动置业、盲目跟风的原因。

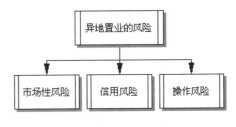

图 6.6　异地置业的风险

但是，很多投资者并没有对项目所在地的经济情况、消费能力以及市场需求状况进行深度的市场调研，并不了解这种低价位的深层次原因。事实上，对于很多二三线城市来说，居民收入有限，消费能力不强，难以承受较高的支出；住宅商品化程度不高，居民一般都已经拥有自住房屋；外来人口有限，租赁市场疲软；城市动拆力度有限，难以形成房地产发展中不可或缺的被动性需求；城市经济容量不足，难以形成商业房地产繁荣的基础支撑。

总之，房地产市场发展状况，是由当地经济发展水平决定的，这种市场性风险直接影响到投资者的投资收益，而且在短时间内无法发生实质性的变化。

2) 信用风险

随着房地产市场的发展，前些年开发商的信用问题似乎引起了投资者的重视。但是，在高额利润的诱惑下，在投资渠道单一化的今天，许多投资者又开始忽略潜在的信用风险。开发商无论实力强弱、信用高低，均希望通过预收房款来维持其房地产开发的资金链。但是，缺乏实力和信用的开发商又普遍存在赚一票即退的心理，这对投资者构成了较大的信用威胁。

同时，由于信息不对称，缺乏信用的开发商通过虚构项目周边规划、夸大项目市场前景，从而套现资金，对于这些投资者一定要注意。

3) 操作风险

操作风险是指在投资异地房地产后，由于距离上的关系导致操作层面的风险。投资房地产获取收益主要来自三部分，分别是租赁收益、转让增值收益和分红收益。

对于租赁来说，投资者很难寻找到稳定的租房客源，因此必须委托一家具有较高知名度的中介公司进行操作，其中的委托代理关系具有一定的风险性。对于转让来说，投资者同样需要委托中介公司进行操作，其中存在着一定的信息不对称，可能会侵害投资者的一部分利益。分红收益则更加难以控制，尽管可以采取一系列监控措施，但是监控措施越严密，监控成本越高昂，其效果如何难以准确评估。

6.4.2　异地置业风险规避技巧

针对异地投资房地产，可能出现的种种风险，投资者切忌盲目跟风，小心各种预

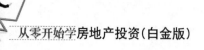

期收益的诱惑。为了规避风险，到异地置业首先要选择有实力、口碑好、物业管理好的开发商，或其在全国其他地方开发过比较成熟的项目，如万科、金地集团等有实力的开发商。其次，要充分考虑到投资回报率，至于当地各项法规政策、税收政策等，可委托当地中介公司或者物业公司帮助打理后期的物业管理或租赁管理。

下面来看一下异地置业的四项技巧，如图6.7所示。

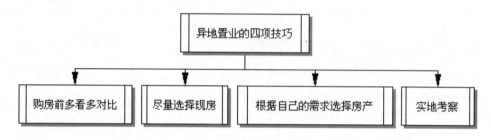

图6.7　异地置业的四项技巧

1)　购房前多看多对比

当前，异地房地产消费渠道比较通畅，专业的异地楼盘展示中心有各种类型的项目，投资者拥有较为充足的选择空间，可以仔细分析对比之后再确定是否购买。异地楼盘交易会也时常举行，大量异地房集中在一起，有时间可以多看看。

2)　尽量选择现房

总体来说，异地房地产表现良好，但也有个别问题出现，从而使投资者的投资无法收回。因此，如果对当地市场以及开发商资质不太了解，异地置业最好选择现房，这样可以最大限度地减少置业风险。

3)　根据自己的需求选择房产

投资之前，应该明确自己置业的目的，根据自己的实际需求来选择合适的物业。如果希望给自己选一个度假居所，那就要注意该物业的属性是否符合需求，例如周边环境是否优美、生活环境是否安静、物业管理是否全面等；其次，还要考察交通、周边配套、房价等因素。

如果是以投资为目的，则必须首先考虑地段、配套、房价等主要因素，其次再考虑整体环境等辅助因素。

4)　实地考察

对于异地项目来说，实地考察是了解项目一手资料的最好办法，可以直接考察物业实际状况与其宣传是否一致。

如果是期房，投资者更需要多加注意，除了验看开发商的相关证照外，一定要进行实地考察，避免交房之后再发现问题。如果物业尚未封顶建议不要购买，因为此类物业尚未成形，变数较大。

第 7 章

房地产投资购房 贷款的技巧

购房有风险，特别是在签订房屋买卖合同环节上。信息不对称就难保合同条款的公正，产权不落实就会让业主入住成为泡影，所以投资者一定要擦亮眼睛，法律把关，查验周全，这是购房贷款中的防险盾牌。本章首先讲解购房贷款的基本常识及签订认购书的技巧，然后讲解购房要查五证和两书、签订补充协议要谨慎、防范一房多卖的技巧，接着讲解购房贷款的注意事项、风险及防范技巧，最后讲解提前还贷的技巧。

359,464	0.3%
8,632,724	7.7%
59,087	0.1%
13,963,095	12.4%
5,266,055	4.7%
10,323,178	9.2%
5,283,470	4.7%
4,330,582	3.8%

7.1 购房贷款的基本常识

房地产投资，绝大多数人都会采取贷款买房这种方法。贷款买房的基本流程是怎样的呢？商业贷款额度、期限和利率又是多少呢？如何申请公积金贷款？贷款买房的常见方式又有哪些？下面来进行详细讲解。

7.1.1 贷款买房的基本流程

贷款买房的基本流程如图 7.1 所示。

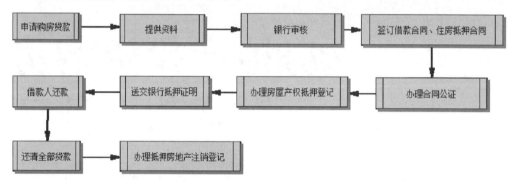

图 7.1 贷款买房的基本流程

其中，办理公证及登记都是由银行来完成，购房者只需提供全部资料和签订合同，然后按照合同付清贷款即可。

由于各开发商指定贷款银行不同，各银行还贷方式和时间也有所不同，因此具体事项还要咨询开发商及所指定的银行。

7.1.2 商业贷款额度、期限和利率

商业贷款额度最高可达购房总费用的 70%，但具体贷款额度是由银行根据借款人的资信、经济状况和抵押物情况来审查确定。

贷款期限是指贷款人将贷款贷给借款人后到贷款收回时这一段时间的期限。它是借款人对贷款的实际使用期限。目前，房屋贷款期限最长不得超过 30 年。

贷款利率按照合同签署时的个人住房贷款利率执行，合同执行期间如遇到利率调整，将采取一年一调的原则，于次年 1 月 1 日起做相应的调整。

7.1.3　公积金贷款买房

在本市行政区域范围内购买自住住房，并按月连续、足额地向公积金管理中心缴存住房公积金的职工，可到受委托银行申请公积金贷款。

申请贷款前，借款申请人须建立住房公积金账户 12 个月及以上，同时足额正常缴存住房公积金 12 个月及以上，并且申请贷款时处于缴存状态，方可申表公积金贷款。

1)　公积金贷款额度

➤　住房公积金贷款额度不超过总房价的 70%。

➤　一方缴存公积金，最高贷款额度不超过 15 万元；夫妻双方均缴存公积金，最高贷款额度不超过 30 万元。

➤　借款人夫妻双方贷款额度分别按照可贷公式进行计算，具体公式是：

贷款职工月缴存住房公积金额÷贷款职工住房公积金缴存比例×0.2×12×实际可贷年限

其中 0.2 是还贷能力系数，12 表示月份。

2)　公积金贷款期限

➤　最长贷款期限不得超过 30 年。

➤　借款人年龄加贷款期限不得超过借款人法定退休年龄，在计算贷款期限时，借款人年龄按申请贷款时实际年龄取整计算。

➤　连续足额缴存住房公积金 5 年及以上，并且具有稳定收入、信誉良好、有偿还贷款本息能力的借款人，贷款期限可以放宽至借款人法定退休年龄后 1～5 年。

3)　公积金贷款利率

住房公积金贷款利率是按中国人民银行规定执行的，目前五年以下(包含 5 年)，年利率为 4%；五年以上年利率为 4.5%。

7.1.4　贷款买房的常见方式

贷款买房的常见方式有四种，分别是等额本息、等额本金、固定利率和其他新方式，如图 7.2 所示。

1)　等额本息

等额本息是当前各大银行办理最多的还款方式，即按照按揭贷款的本金总额与利息总额相加，然后平均分摊到还款期限的每个月中，具体计算公式如下：

每月月供额=贷款本金×[月利率×(1+月利率)^{还款月数}]÷[(1+月利率)^{还款月数}-1]

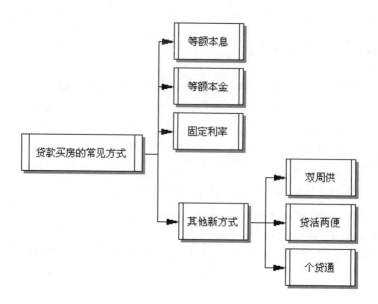

图 7.2　贷款买房的常见方式

例如，借款人从银行获得一笔 20 万元的个人住房贷款，贷款期限 20 年，贷款月利率 4.2‰，每月还本付息。按照上述公式计算，每月应偿还本息和为 1324.33 元。

上述结果只给出了每月应付的本息和，因此需要对这个本息和进行分解。仍以上例为基础，一个月为一期，第一期贷款余额 20 万元，应支付利息 840.00 元(200000×4.2‰)，所以只能归还本金 484.33 元，仍欠银行贷款 199515.67 元；第二期应支付利息 837.97 元(199515.67 元×4.2‰)，归还本金 486.37 元，仍欠银行贷款 199029.30 元，以此类推。

此种还款模式相对于等额本金还款法的劣势在于支出利息较多，还款初期利息占每月供款的大部分，随本金逐渐返还供款中本金比重增加。但该方法每月的还款额固定，可以有计划地控制家庭收入的支出，也便于每个家庭根据自己的收入情况，确定还贷能力。该方法比较适用于现期收入少，预期收入将稳定或增加的借款人，或预算清晰的人士和收入稳定的人士，一般为青年人，特别是刚开始工作的年轻人也适合选用这种方法，以避免初期太大的还款压力。

2)　等额本金

等额本金是在还款期内把贷款数总额等分，每月偿还同等数额的本金和剩余贷款在该月所产生的利息，这样由于每月的还款本金额固定，而利息越来越少，贷款人起初还款压力较大，但是随时间的推移每月还款数也越来越少。

此种还款模式支出的总和相对于等额本息利息可能有所减少，但刚开始时还款压力较大。如果用于房贷，此种方法比较适合工作正处于高峰阶段的人，或者是即将退休的人。

等额本金的计算公式如下：

每月还款金额 = (贷款本金÷还款月数)+(本金-已归还本金累计额)×每月利率

例如，贷款 12 万元，年利率 4.86%，还款年限 10 年。

等额本息：10 年后还款 151750.84 元，总利息 31750.84 元。

等额本金：10 年后还款 149403.00 元，总利息 29403.00 元。

两者差额：2347.84 元/10 年，一年才差 235 元。

3)　固定利率

固定利率是指在借贷期内不作调整的利率。实行固定利率，对于借贷双方准确计算成本与收益十分方便，是传统采用的方式。

"固定利率住房贷款"就是在贷款合同签订时即设定好固定的利率，在贷款合同期内，不论市场利率如何变动，借款人都按照固定的利率支付利息，不需要"随行就市"。

例如光大银行南京分行推出的"固定利率住房贷款"所确定的利率档次共分四种，招商银行推出的结构性固定利率产品共分 6 档，且有的档可分段执行不同的利率标准，如 5 年固定利率房贷可在贷款前 2 年固定执行一个利率，后 3 年执行另外一个利率。3 年、5 年和 10 年三个固定房贷利率分别定为 5.91%、6.03%和 6.39%，避免因刚付完首付的市民还款压力过大的现象。

4)　其他新方式

贷款买房的其他新方式很多，如深圳发展银行推出的"双周供"；中国银行推出的"贷活两便"、建设银行的"个贷通"等。

➢　双周供：是指个人按揭贷款由传统的每月还款一次改为每两周还款一次，每次还款额为原来月供的一半。由于还款方式的改变、还款频率的提高，借款人的还款总额却获得了有效减少，还款周期得以明显缩短，客户在还款期内能省下不少利息。

➢　贷活两便：贷活两便的核心是"个人房贷理财账户"，它主要针对那些手中有一定闲钱，既想用这笔钱提前还贷减少利息支出，又不想因此而失去投资获益机会的房贷客户。只要这些房贷客户将其月供扣款账户申请为"房贷理财账户"，如该账户存款余额超过一定金额以上的部分将被视作提前还贷，达到减少贷款利息支出的目的；该账户本身又具有活期账户的所有功能，如果客户对这笔资金有更好的资金投向时，如股票、基金或购买其他投资产品，则可随时从账户中支取部分或全部存款。"贷活两便"最大的特点在于保证客户资金灵活性的同时，提升个人财富综合收益能力，降低还贷综合支出。

➢　个贷通：个贷通的特点是"一次抵押、循环使用"。客户在办理个人住房最高额抵押贷款后，不必再为办理各种用途的贷款浪费时间，在贷款额度和有效期间内，可以循环使用贷款，将贷款用于多项用途，不必重新办理抵押登记。

7.2　签订《认购书》的技巧

买过房子的人都经历过签订《认购书》、交定金、再签合同的过程。然而在整个购房过程中，纠纷可能随时出现，如合同不能履行，定金怎么办？开发商自己制定的《认购书》是否合法？签订《认购书》时会有哪些陷阱。下面举例说明。

2012 年五一期间，王先生与某房地产开发公司签订了一份《商品房认购协议书》，约定购买该公司开发的一栋高层住宅楼中的住房一套。该公司在协议书中承诺，2012 年 12 月底之前与王先生签订正式售房合同，2013 年 5 月底将房屋交付使用。

另外，双方还约定，王先生于签订协议时交付定金 10 万元，其余购房款分期支付。王先生根据协议，在当天就交了 10 万元定金。

但该房地产开发公司没有履行其在协议中承诺的于 2012 年 12 月底与王先生签订正式售房合同的约定，虽然王先生多次催促，但因该公司没有取得商品房预售许可证明，实际上无法与王先生签订正式售房合同。

王先生前往工地了解情况时发现，工地施工标牌注明工程的竣工日期为 2013 年 8 月，王先生由此认定，该公司 2013 年 5 月底将房屋交付使用是不可能兑现的。

王先生对该公司产生了极大的不信任感，遂向该公司提出解除合同、双倍退还定金的要求，该公司不同意，王先生无奈诉至法院。

法院经审理认为，该公司未依约于 2012 年 12 月底与王先生签订正式售房合同，已构成违约。现有证据表明，该房地产开发公司不能于 2013 年 5 月底将房屋交付使用，又构成了预期违约，符合法律规定，依法应予支持。遂判决解除双方签订的《商品房认购协议书》，房地产开发公司向王先生返还定金 20 万元。

7.2.1　什么是《认购书》

认购书是商品房买卖双方在签订商品房预售合同或商品房现房买卖合同之前所签订的文书，是对双方交易房屋有关事宜的初步确认。

认购书的内容一般包括五项，分别是买卖双方当事人的基本情况；房屋的基本情况(如房屋位置、面积等)；房屋价款计算；定金；签署正式买卖合同的期限，如图 7.3 所示。

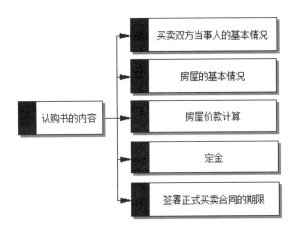

图 7.3　认购书的内容

7.2.2　签订《认购书》时的注意事项

在正式房地产买卖合同签订之前，买方一般先与开发商签订购房临时《认购书》。《认购书》虽然是临时的，但也具有法律效力。

《合同法》规定："当事人在签订正式的房地产买卖、租赁等合同前，又订立《意向书》《预订书》等的，如确系双方真实意思表示，权利义务内容不违反现行法律、法规的，该《意向书》《预订书》等对双方均有约束力。"

可见，认购书是具有法律效力的，不可随便签订，否则将会严重影响你的利益。签订认购书之前，要对开发商有个基本了解，做到"一看、二问、三查"。

"一看"是看发展商的有关证件及资料，包括营业执照、土地使用权出让合同书及补充协议、该块土地的房地产证、房地产预售许可证、建设工程规划许可证、施工许可证等。

"二问"是在看的过程中，可以对自己不甚清楚或有疑问的地方及时向发展商、代理商的销售人员进行询问。其次，还应当多问问同一楼盘的其他业主，包括不同时间购房的业主，以期核对别人所获得的信息及看法与自己有何不同。在对某些购房所涉及的专业问题或法律问题不能肯定时，还可向律师等专业人士咨询。

"三查"是尽可能多地调查了解发展商及该楼盘的相关信息，包括发展商经营业绩、资金状况、商业信誉、以往售楼纠纷情况等。

要细审《认购书》条款。《认购书》中至少应对双方达成一致的基本内容尤其是达成意向的房屋位置、面积、单价、总价等必须有明确的约定，否则《认购书》没有产生效力的事实基础。实际上，只要《认购书》具备合同主要条款并生效后，在与正式合同没有冲突的情况下，它可以做主合同的补充。

7.3 购房要查"五证"和"两书"

"五证""两书"不全的楼房你敢买吗？这类商品房都属于房地产开发商违法违章建筑的，房地产开发商的合法资质都难以得到保证，楼房的产权还能找谁来为购房者做保证呢？

2014 年 8 月，李小姐在青岛郊区准备购买一套楼房，在审查开发商的资质时，李小姐要求开发商出示下列文件：《建设用地规划许可证》《建设工程规划许可证》《建筑工程施工许可证》《国有土地使用证》《商品房预售许可证》。

开发商提供了其中的 4 份文件，却没有提供《国有土地使用证》。为此，开发商向李小姐保证，土地证正在办理，办下来绝对没有问题。

因为该楼盘背靠大山，地段和风景都相当不错，加上该楼盘的价格仅仅每平方米3000 元，在没有看到开发商提供的《国有土地使用证》的情况下，李小姐同开发商签订了商品房买卖合同。

2015 年 11 月，合同约定的交房日期到了，李小姐前去收房，但因楼盘尚未竣工，无法收房。李小姐很生气，就要求开发商将土地证原件出示给她看，开发商提供了一个一年期的临时土地证。

李小姐不确定真伪，前往国土资源局查证。经查证得知，该楼盘办理土地证资料不全，没有支付土地出让金凭证，也没有土地证复印存档，而开发商提供的《商品房预售许可证》没有经过法律规定的程序。

李小姐想以开发商欺诈为由起诉开发商，并向开发商索取双倍赔偿。但她咨询律师后得知，开发商只有在故意隐瞒没有取得预售许可证或提供虚假预售许可证明的情况下，才可以追究开发商已付房款一倍以内的赔偿责任。

因房价上涨厉害，李小姐考虑到开发商的赔付不足以弥补损失，不愿意放弃收房。但因为没有土地证，李小姐面临办不下房产证的风险。

7.3.1 什么是"五证"

购房者在购房时应要求房地产开发商和销售商提供齐全的"五证""二书"，这是法律对销售方的基本要求。"五证"是指《国有土地使用证》《建设用地规划许可证》《建设工程规划许可证》《建设工程施工许可证》(建设工程开工证)、《商品房销售(预售)许可证》，如图 7.4 所示。

1) 国有土地使用证

《国有土地使用证》是证明土地使用者(单位或个人)使用国有土地的法律凭证，

受法律保护。《国有土地使用证》如图 7.5 所示。

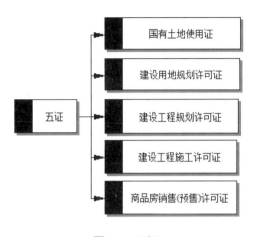

图 7.4　五证　　　　　　　　　　　图 7.5　国有土地使用证

2)　建设用地规划许可证

《建设用地规划许可证》是建设单位在向土地管理部门申请征用、划拨土地前，经城市规划行政主管部门确认建设项目位置和范围符合城市规划的法定凭证，是建设单位用地的法律凭证。没有此证的用地单位属非法用地，房地产商的售房行为也属非法，不能领取房地产权属证书。《建设用地规划许可证》如图 7.6 所示。

➢ 核发的目的：确保土地利用符合城市规划，维护建设单位按照城市规划使用土地的合法权益。

➢ 法律后果：按照有关规定，房地产商即使取得建设用地的批准文件，但如未取得《建设用地规划许可证》而占用土地的，其建设用地批准文件无效。

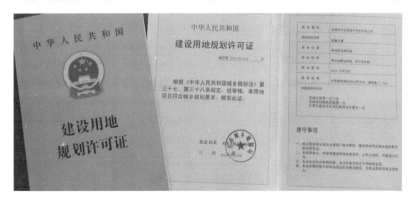

图 7.6　建设用地规划许可证

3)　建设工程规划许可证

《建设工程规划许可证》是有关建设工程符合城市规划要求的法律凭证，是建设单位建设工程的法律凭证，是建设活动中接受监督检查时的法定依据。没有此证的建设单位，其工程建筑是违章建筑，不能领取房地产权属证书。《建设工程规划许可证》，如图7.7所示。

> ➤ 核发的目的：确认有关建设活动的合法地位，保证有关建设单位和个人的合法权益。

> ➤ 法律后果：房地产商如未取得《建设工程规划许可证》或者违反《建设工程规划许可证》的规定进行开发建设，严重影响城市规划的，由城市规划行政主管部门责令停止建设，限期拆除或者没收违法建筑物、构筑物及其他设施，对有关责任人员，可由所在单位或者上级主管机关给予行政处分。

4) 建设工程施工许可证

《建设工程施工许可证》，又称建设工程开工证，是建筑施工单位符合各种施工条件、允许开工的批准文件，是建设单位进行工程施工的法律凭证，也是房屋权属登记的主要依据之一。

图7.7 建设工程规划许可证

没有开工证的建设项目均属违章建筑，不受法律保护。当各种施工条件完备时，建设单位应当按照计划批准的开工项目向工程所在地、县级以上人民政府建设行政主管部门办理施工许可证手续，领取《施工许可证》。《建设工程施工许可证》如图7.8所示。

5) 商品房销售(预售)许可证

《商品房销售(预售)许可证》是市、县人民政府房地产行政管理部门允许房地产开发企业销售商品房的批准文件。其主管机关是市国土房管局，证书由市国土房管局统一印制、办理登记审批和核发证书。

图 7.8　建设工程施工许可证

　　房地产商在销售商品房时，如该房屋已建成，还应持有房屋所有权证书。购房者如需调查房屋的建筑质量，还可查验房地产商的《工程验收证》。《商品房销售(预售)许可证》如图 7.9 所示。

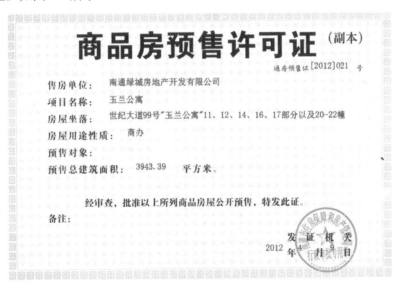

图 7.9　商品房销售(预售)许可证

> **提醒** 一般购房者记不住"五证"的名称和发证机关，其实也不必记住这么多。购房时只需看一下《国有土地使用证》和《商品房销售(预售)许可证》这"两证"就行了。因为一般情况下如果开发商未取得《建设用地规划许可证》和《建设工程规划许可证》是拿不到《国有土地使用证》的，但挂牌出让的土地是先取得《国有土地使用证》的。同样，未取得上述两个《规划许可证》和《施工许可证》是拿不到《商品房销售(预售)许可证》的。开发商取得了《商品房销售(预售)许可证》就可以证明该项目在规划、工程、土地使用等方面通过了政府的批准，就具备了将开发的商品房进入市场交易的资格。根据北京市商品房交易的相关法规规定，开发商只有具备《商品房销售(预售)许可证》才能与客户签署正式的《预售契约》。在此提醒一下购房者，签合同前看清楚您所预购的房屋是不是在预售范围内，提防开发商"偷梁换柱"。

7.3.2 什么是"两书"

"两书"是指《住宅质量保证书》和《住宅使用说明书》，如图7.10所示。

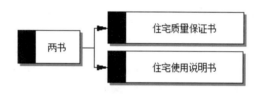

图 7.10 两书

"两书"可以作为商品房买卖合同的补充约定，并且是房地产开发企业在商品房交付使用时，向购房人提供的对商品住宅承担质量责任的法律文件和保证文件。

1) 住宅质量保证书

《住宅质量保证书》，是房地产开发商将新建成的房屋出售给购买人时，针对房屋质量向购买者做出承诺保证的书面文件，具有法律效力，开发商应依据《住宅质量保证书》上约定的房屋质量标准承担维修、修补的责任。

住宅质量保证书的主要内容如下。

➢ 房屋经工程质量监督部门验收后确定的质量等级。

➢ 注明房屋基础构造的使用期限和保修责任；房屋基础构造(指房屋的地基基础和房屋主体结构)。

➢ 正常使用情况下各部位、部件的保修内容和保修时间；国家对部分内容规定最低保修内容和期限，具体有：屋面防水工程，有防水要求的卫生间、房间和外墙面的防渗漏为5年；供热与供冷系统为两个采暖期、供冷期；电气管线、排水管道、设备安装和装修工程为 2 年。其他项目的保修期限由发包方与承包方约定。建筑工程的保修期，自竣工验收合格之日起计算。

➤ 房屋发生上述情况时，负责处理购房者报修、答复和处理等事项的具体单位。

> **提醒**　开发商在《住宅质量保证书》上注明的保修内容和保修期限不得低于国家规定。保修期从开发商将房屋交付给购房者之日起算。在办理房屋交付和验收时，必须有购房者对房屋设施设备正常使用的签字确认。

2) 住宅使用说明书

《住宅使用说明书》应当对住宅的结构、性能和各部位(部件)的类型、性能、标准等做出说明，并提出使用注意事项，一般应当包含以下内容。

➤ 开发单位、设计单位、施工单位，委托监理的应注明监理单位。

➤ 结构类型。

➤ 装修、装饰注意事项。

➤ 上水、下水、电、燃气、热力、通信、消防等设施配置的说明。

➤ 有关设备、设施安装预留位置的说明和安装注意事项。

➤ 门、窗类型物品使用注意事项。

➤ 配电负荷。

➤ 承重墙、保温墙、防水层、阳台等部位注意事项的说明。

➤ 其他需说明的问题。

7.4　签订补充协议要谨慎

房地产开发商拟定的补充协议，一般是开发商的专业律师利用法律空隙和建筑专业名词、术语欺骗对补充协议内容不甚了解的购房者。购房者一定要弄明白补充协议的内容，没有看懂就签字是相当危险的。

下面来举例说明。

赵小姐在国庆节期间购买了某小区的一套住房，缴纳了定金和购房款后，正当赵小姐准备签订购房合同时，开发商拿出一份补充协议，要求赵小姐在签订购房合同之前先在补充协议上签字。补充协议的主要内容有：如果是因为计划变更的问题，致使配套设施不能按时完工，最终导致不能按期交房的，开发商有权解除合同并不承担赔偿责任。开发商表示，如果不签补充协议，就无法签订购房合同，购房交易就无法达成，开发商只能退还购房款并停止交易。

但是，房价已经从缴纳定金时的 6000 多元涨到 8000 多元了，现在退房，损失太大了。在与开发商协商数日后，赵小姐最终还是在补充协议上签了字。

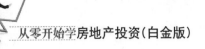

到了约定的交房日期，开发商如期交房，赵小姐松了一口气。等走到楼盘里，开发商又拿出一份补充协议要求赵小姐签字，如果不签字，就拿不到钥匙。这份补充协议的主要内容为：原本规划在赵小姐所购单元旁边建设一个单元，但是由于特殊原因推迟了建设，现在必须按照规划进行建设。入住后，业主承诺不因施工带来的噪声、生活不便起诉或投诉开发商，否则，须向开发商支付2万元的违约金。

考虑到自己以前的情况，赵小姐这次没有提出异议，只能在补充协议上签字。

7.4.1　补充协议常见陷阱

在购房过程中，开发商除了要求购房者签订购房合同外，还要签订一份补充协议。补充协议内容很多，都是由开发商的专业律师提前拟好的。由于这种补充协议是由开发商事先拟好的，通常包括许多对开发商有利，而对购房者不利的条款。例如，对开发商有利的交房时间的模糊、不可抗力条款的解释、共有面积的确定与分摊等。

很多购房者在没弄清补充协议内容时，就签字了事，这样会使购房者处于被动地位，承担下很多对自己不利的条件，导致购房者只能由开发商任意摆布。补充协议常见陷阱共有四种，如图7.11所示。

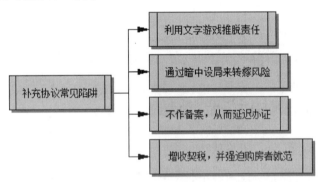

图 7.11　补充协议常见陷阱

1)　利用文字游戏推脱责任

对于按违约天数累计来计算违约金的，开发商一般会在补充协议中规定，开发商所承担违约金的最高比例。

例如，开发商不能按期交房，每日应按购房者已付房价款的千分之三向购房者支付违约金，但开发商在补充协议中一般都会规定，违约金最高不得超过已付房价款的千分之三。这样一来，开发商就等于很少支付违约金了。

2)　通过暗中设局来转嫁风险

交房日期是在签约中明确规定的条款。开发商只有在遇到不可抗力时，才能延期交房，否则需承担延期交房的违约责任。但是开发商在拟定补充协议时，都会不同程度地增加其延期交房的免责事由，常用理由如下。

> ➢ 施工过程中遇到异常困难及重大技术问题不能及时解决。
> ➢ 政府配套设施工程的批准及安装延误。
> ➢ 市政建设、铺设管线等影响工程进度。
> ➢ 持续高温、严寒、暴雨等恶劣天气。
> ➢ 政府限电。

对于开发商在补充协议中拟定的延期交房的免责条款，购房者应该认真分辨，看它是否符合不可抗力的条件。对于不符合不可抗力条件的，购房者可以提出异议，力争将该免责事由取消。

3） 不作备案，从而延迟办证

开发商应按合同约定的时间，向权属登记机关报送备案材料，出于开发商未在规定的时间内向权属登记机关报送备案材料，导致购房者无法在规定期限内取得房产证的，开发商应承担违约责任。

但开发商在补充协议中一般都约定，如因政府部门任何形式的行政行为导致开发商无法在合同约定时间内向权属登记机关报送备案材料，使购房者无法在规定的时间内取得房产证，不属于开发商责任。这一条款看起来好像没有问题，因为开发商不能左右政府行为，但实际上这一条款往往成为开发商不能按期办理房产证的挡箭牌，开发商把所有不能按期办理房产证的情况，都归结为政府行为。

4） 增收契税，并强迫购房者就范

一般情况下，契税应该在办理房屋过户手续，即办理房产证时交付。而在实际过程中，如果购买者是通过银行按揭方式付款，开发商在补充协议里一般都会规定，购房者办理入住手续时，需先缴纳契税，否则不给办理入住手续。

理由是开发商为购房者贷款提供了担保，购房者不缴纳契税，就无法办理房产证和抵押登记手续。出于开发商为购房者的按揭贷款提供了阶段性担保义务，只有当抵押登记手续办完后，开发商的担保义务才解除，在此之前一旦发生购房者不履行偿还贷款的义务，开发商将承担连带责任。

有些开发商在补充协议中还规定，办理入住手续时，应交纳 1 年的物业管理费，这显示是没有道理的。物业管理费一般按月或按季度来交。

7.4.2 补充协议应对技巧

购房者在与开发商签订补充协议时，具体应对方法有三点，分别是认真阅读各项条款、显失公平可撤销、找专业人员咨询，如图 7.12 所示。

1） 认真阅读各项条款

开发商为了保护自己，避免在一些非人力能控制的情况下承担违约责任，规避风险，往往会利用优势地位强迫购房者签订不公平的补充协议。遇到这种情况，一定要认真阅读每一个条款，了解条款的意义和后果，如果难以接受，就坚决拒绝。

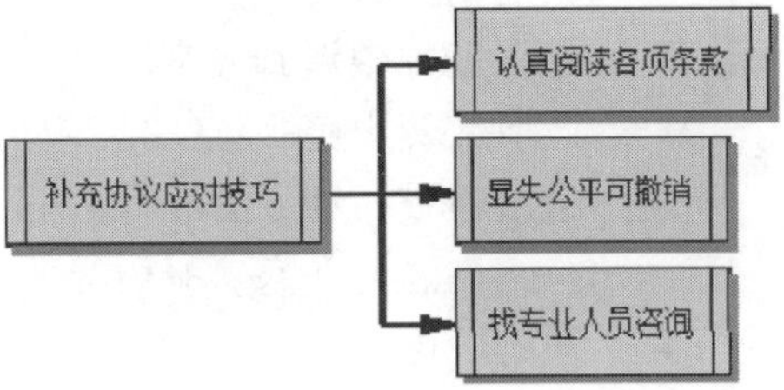

图 7.12　补充协议应对技巧

2）　显失公平可撤销

显失公平的条款，购房者可以请求法院变更或撤销。根据有关法律规定，一方当事人利用优势或利用对方没有经验，致使双方的权利和义务显示违反公平、等价有偿原则的，为显失公平。

3）　找专业人员咨询

对于那些拿不准的条款，购房者可以向专业律师咨询，以最大限度地保护自己的合法权益。

7.5　防范一房多卖的技巧

好不容易凑齐了房款，买到的却是早已有主的房子。相信不少购房者都碰到过"一女二嫁""一房多卖"的违法行为。

7.5.1　把已转卖给他人的房子再卖给购房者

通常情况下，购房者掌握的信息并不完整，这就为某些不法开发商所利用，并在购房者毫不知情的情况下"一女二嫁"，把早已转卖他人的房屋再次出售，以欺诈购房者牟取黑利。

2012 年 5 月，张先生与某开发商签订了商品房认购合同。双方约定：该开发商开发的某楼盘中的一套房子出售给张先生，并约定 10 月份签订正式合同。当日，张先生就支付给该开发商购房定金 50 万元。10 月，当张先生按约定与该开发商签订正式合同时，得知该开发商已将房屋以每平方米 9000 元的价格转卖给他人。

这让张先生很气愤，认为该开发商的违约行为严重侵害了自己的合法权益，于是将该开发商告到了法院，要求双倍返还定金。

法院经审理认为：该开发商收取张先生支付的购房定金后，又以更高的价格把房屋卖给了第三人，应承担双倍赔偿责任。该房屋价值 100 万元，法定定金应为 20%，超出部分无效。所以法定定金应为 20 万元，最终法院判定开发商退还张先生的 50 万元，另赔偿张先生 20 万元。

7.5.2　把已售楼房再售给购房者

开发商有时也会先将房屋卖给一位购房者，然后以各种理由推迟办理产权证明，并转手倒卖给其他不知情的购房者，赚取双份房款。购房者对此一定要明察秋毫，避免上当。

李先生前几年花费数十万元买下一套商品房，入住三年之后，一位手持该套商品房房产证的陌生人前来要求他腾出房屋。

万分不解的李先生来到产权登记部门查询，发现来人所持的房产证并无虚假。可是这房子的确是自己买下来的，购房合同还在自己手上，怎么会这样呢？几经询问，李先生发现自己上了开发商的当。原来，开发商与李先生签订购房合同之后，并没有办理合同备案登记，然后以种种借口拒绝办理过户手续。现在开发商生意失败，欠下许多债务，为了筹钱，便采取"一房二卖"的办法，把这些已经售出的商品房再次出售给其他人，并在房地产交易登记机构办理了登记手续。

明明是自己的房子，却被开发商卖掉，现在不得不搬出房子。万分委屈的李先生只能把开发商告上法院，开发商现在已负债累累，估计也很难拿回自己的购房款。身处弱势的一般购房者，在购房时一定要选择有实力，并且口碑较好的开发商，这样才能避免落入"一房多卖"的陷阱。

7.5.3　防范一房多卖的注意事项

购房者一定要明白，只有在房产证上登记的人才对房屋拥有所有权。商品房从房屋开发建设，到购房者取得房产证为止，其间为购房者取得房屋产权增添了很多风险。

购房者为了维护自己的正当权益，防范一房多卖，有必要采取一些防范措施。防范一房多卖的注意事项如图7.13所示。

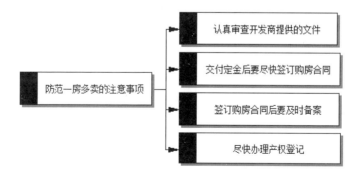

图 7.13　防范一房多卖的注意事项

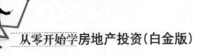
1) 认真审查开发商提供的文件

购房者在签订购房合同之前，要对"五证"进行认真查看，特别是《国有土地使用证》和《商品房销售(预售)许可证》。在查看时，一定要看清国有土地使用权的取得方式以及房屋、土地上是否设有抵押。

2) 交付定金后要尽快签订购房合同

交付定金后，《认购书》在开发商和购房者之间形成了初步的约束，但这种约束没有购房合同那样有效，只是起到敦促双方签订购房合同的作用，这不能保证购房者一定可以买到自己相中的房子。

3) 签订购房合同后要及时备案

为了防止开发商一房二卖，国家制定了商品房预售合同备案登记制度。要求双方在签订购房合同之后及时向主管部门登记备案，这样即使开发商一房二卖，也可以保障已经进行登记备案的合同。因此，为了保证自己可以获得房产证，购房者在签订合同后，要敦促开发商尽快办理登记备案手续。

4) 尽快办理产权登记

办理了登记备案手续可以保证不会有第二个购房者获得产权证，但这并不表明购房者可以一切无事了。开发商可能会利用手中《国有土地使用证》和《房屋所有权证》进行抵押，为自己换取资金，也可能不及时提供相关的文件，遇到这样的情况，购房者往往无法办理房产证。

提醒 按照规定，预售商品房的购买者应当自商品房交付使用之日起 90 日内，办理土地使用权变更和房屋所有权登记手续；现售商品房购买者应当自销售合同签订之日起 90 日内，办理土地使用权变更和房屋所有权登记手续。在办理过程中，开发商有义务协助购房者办理土地使用权变更和房屋所有权登记手续，并提供相应的证明文件。

7.6 贷款购房的陷阱与防范技巧

下面先来看一个实例。

王小姐准备购买一套商品房，考虑到在此之前已经办理了两份贷款，签合同时有些犹豫，但售楼人员口头承诺，由于他们与银行的关系相当好，办贷款是没有任何问题的。

王小姐于是签订了房屋买卖合同，并交了首付款。但是，随后王小姐在贷款时却被银行拒绝了。在尝试了多家银行后，均不能办妥购房贷款，于是王小姐只得要求开发商退房。但此时，开发商则要求王小姐履行合同，由于王小姐个人的原因造成的违约，须支付相应的违约金。结果王小姐房子没有买成，却白白损失几千元钱。

开发商在购房者支付首付款之前往往口头承诺，为购房者承担贷款担保。如果购房者不知道贷款买房的知识，一味相信开发商的话，那么贷款买房就是一个诱骗你上当的陷阱。

7.6.1　贷款购房常见的陷阱

很多购房者在办理房贷时，都会被开发商要求签订一个补充协议，并在其中约定代理办理的最后时限。一旦不能如期办理妥当贷款手续，不仅要解除合同，还要按照合同规定进行赔偿。很多购房者由于不太了解购房贷款的手续，或因为贷款资格不够，或因为银行审批时限过长，在限定时日没能及时办理下贷款，开发商就会将全部违约责任推到购房者身上，购房者只能自己承担违约责任，白白承受损失。

有些开发商承诺，只要购房者多交一定费用，就可以代办贷款。注意，这其中有很多"猫腻"，甚至所承诺的贷款也未必能办得下来。对此，购房者一定要特别注意，最好不要选择代办方式，以省去许多麻烦。

另外，投资者在购买二手房时，会出现转按揭"连环套"，具体如下。

➢ 原房主将没有偿还的贷款全部转移给下家，由下家继续还贷，这称为"转贷"。

➢ 由下家先帮原房主还清贷款，再进行借新贷、还旧贷交易。

注意，这两种转按揭的贷款方式，都有一定风险，购房者都需谨慎对待。

7.6.2　贷款购房常见陷阱的防范

购房者在与开发商签订购房合同时，要尽可能多地掌握一些贷款方面的知识和常识，只有这样，才能有对付开发商的良策。

1) 了解贷款流程后再签约

购房者在签订房屋买卖合同前，最好向银行咨询一下自己能否办理购房贷款，以及办理贷款的合理时间，在办理贷款时，可能遇到那些问题。另外，如果开发商承诺代办贷款，应当写入购房合同，并注明"如果贷款不能办理，购房者可以解除合同并不承担违约责任"，不要轻信销售人员的口头承诺。

2) 贷款买房"四不要"

现在，大多数人都采取贷款买房。贷款毕竟不是小事，要充分考虑才行，购房者在贷款买房时，要注意做到"四不要"。

➢ 申请贷款前不要动用公积金：如果在贷款前动用了公积金，那么你就不能再用公积金来还房贷了。

- 还款有困难不要忘记寻求银行帮助：当你还款有困难时，不要自己硬撑，可以向银行提出延长借款期限。
- 贷款还清后不要忘记撤销抵押：当你还清了全部贷款本金和利息后，可持银行的贷款结清证明和抵押物的房地产其他权利证明，前往房产所在地的房地产交易中心撤销抵押。
- 不要遗失借款合同和借据：申请按揭贷款，银行与你签订的借款合同和借据都是重要的法律文件。由于贷款期限最长可达 30 年，作为借款人，应当妥善保管好合同和借据。

7.7 办理购房贷款的注意事项

购房者在办理房屋贷款时，要特别注意五个事项，以免节外生枝，从而造成意外损失。办理购房贷款的注意事项，如图 7.14 所示。

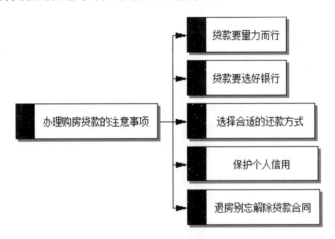

图 7.14 办理购房贷款的注意事项

7.7.1 贷款要量力而行

在申请个人住房贷款时，借款人要对自己目前的经济实力、还款能力做出正确的评判，同时对自己未来的收入及支出也要有个客观的预判。

一般情况下，要从自己的年龄、学历、所从事的职业的前景、单位的性质等因素分析自己未来的收入，同时兼顾未来大额支出因素，只有考虑周全，才能确定贷款金额、贷款期限和还款方式，根据自己的收入水平设计还款计划，并适当留有余地。

7.7.2　贷款要选好银行

对购房者来说，你可以自行选择贷款银行。按揭银行的服务品种越多越细，你将获得灵活多样的个人金融服务，以及丰富的服务与产品组合。

例如，工商银行推出一系列新举措，取消公证环节，取消部分职业收入稳定、偿债能力强的客户群体的借款人的收入证明，为借款人调整贷款期限，允许借款人变更抵押物，变更房地产权利人等。

7.7.3　选择合适的还款方式

对于贷款买房的投资者来说，在与银行签订借款合同时，要先对这些还款方式进行了解，确定最适合自己的还款方式，因为还款方式一旦在合同中确定，一般在整个借款期间就不得更改。

另外，一旦与银行签订借款合同，就应该在签约的一个月内，将首期还款足额存入你指定的还款账户中，由银行扣款。因为从贷款发放的次月起，你就进入了还款期，每月按约定还款日，委托贷款银行从自己的存款账户或信用卡账户上自动扣款。

注意，必须在每月约定的还款日前查看一下自己的还款账户上是否有足够的资金，防止由于自己的不小心造成违约，从而被银行罚息。

7.7.4　保护个人信用

申请个人住房商业性贷款，银行一般都要求借款人提供经济收入证明。对于个人来说，应提供真实的个人职业、职务和近期经济收入情况证明。

如果你的收入没有达到一定的水平，并且你也没有足够的能力按月还房贷，这时你却夸大了自己的收入水平，很可能在还贷初期就发生违约。如果银行经调查证实你提供的是虚假证明，这样银行对你的信任度就会大大降低，从而影响到你的贷款申请。

另外，你提供给银行的地址要准确，这样就方便银行与你联系，每月能按时收到银行寄出的还款通知单。遇到中国人民银行调整贷款利率，你就可在年初时收到银行寄出的调整利率通知。

特别要注意的是，当你搬迁新居，一定要将新的联系地址、联系方式及时告知贷款银行。不然，你一旦接不到贷款银行的有关通知，就会造成一些不必要的麻烦。

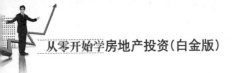

7.7.5　退房别忘解除贷款合同

按揭贷款合同的订立，是以商品房买卖合同有效成立为前提条件的。但是，贷款合同并不是房屋买卖合同的从合同，并不完全依附于房屋买卖合同。

如果仅仅是当事人自行协商消除房屋买卖合同的效力，贷款合同并不跟着消失效力。贷款合同效力是否继续存在，依赖于合同双方即购房者与银行的意愿。

例如，在退房时，开发商是把全部房款全部给了购房者，当然购房者就应该把银行的所有剩余贷款本息都归还给银行。

想一下，如果你可以随意解除房屋买卖合同，并且在其真实性、合法性、有效性都不确定的情况下，贷款合同效力就消失了，那些套取银行贷款的行为就会更猖獗，这样银行的贷款风险有多大呀。

注意，如果是通过诉讼、仲裁方式使房屋买卖合同无效，或被解除合同，则情况完全不同。这种情况下，是通过国家司法行为导致房屋买卖合同效力消失，这样房屋买卖合同效力消失的原因、过程都是真实、合法和有效的。此时，购房者已失去房屋，如果继续向银行来偿还借款本息，显然是极不公平的。

7.8　购房贷款的技巧

对于普通购房者来说，加息会带动贷款利率累计上调，因此选择哪种还贷方式变得相当重要。

越来越多的购房者倾向于选择固定利率房贷业务，而在实际办理过程中，我们却不知道在选择固定利率房贷或混合利率房贷的同时，还可以选择银行推出的一系列有针对性的房贷产品，真正实现房贷组合优惠。

7.8.1　固定利率房贷

个人住房固定利率贷款，是指在贷款期限内利率保持固定不变的个人住房贷款。其最大优点在于，一旦选择了这项业务，将不用再为房贷利率操心，一旦利率上涨还能规避风险。

例如，农业银行提供3年、5年、10年的固定利率贷款，你可以针对自己的实际情况自由选择。除此之外，农业银行还新推出一款固定利率房贷品种，该品种体现周全服务的特色，增加了利率调整选择权条款，具体内容有，当该银行公布的个人住房贷款相应期限的固定利率水平下限下调一个百分点或以上，客户可以申请执行选择权，将贷款利率调低相应百分点，以减少利率走低时的损失。

7.8.2　混合利率房贷

个人住房混合利率房贷，是指在贷款开始的一段时间内，利率保持固定不变，利率固定期结束后，利率执行方式转换为浮动利率贷款，即传统的个人贷款利率执行方式。光大银行、农业银行目前开办了固定期为 5 年、10 年的个人住房混合利率贷款，即在 5 年、10 年内利率固定，利率固定期结束后，剩余贷款期限利率转换为浮动利率贷款。

混合利率房贷可以使你的贷款在一定期限内能够享受到固定利率，规避利率上升的风险。

7.8.3　接力房贷

个人住房"接力"贷款，是指以子女或父母作为所购房屋的所有权人，即父母双方或一方与子女一起作为共同借款人而办理的个人住房贷款，对于子女已婚的，其配偶也作为共同借款人。

提醒　接力房贷就是父贷子还，一起还贷，共圆住房梦。

作为父母的借款人年龄偏大，按现行规定(借款人年龄+贷款年限≤70)可以办理的贷款年限较短，每月还款的压力太大，希望通过指定子女作为共同借款人来延长还款期限。

还有一种情况，如果子女未来预期收入情况较好，但目前收入偏低，按现行规定，可贷款金额较少，希望增加父母作为共同借款人，从而增加贷款金额。但这种还款方式除了规定作为共同借款人的父母和子女均有稳定的职业和收入，并且共同借款人收入之和具有偿还贷款本息的能力之外，作为父母的借款人中年龄较大的一方不得超过 60 岁，这对家庭提出了较高的要求。

7.8.4　直客式房贷

一般情况下，房贷模式为"间客式"，即楼盘指定按揭。在销售楼盘时，开发商往往指定某家银行作为买房人的贷款行。你看中某套住房，先签字买下，然后到指定银行贷款。

"直客式"房贷，是指个人先找银行贷款，然后去楼盘买房。由于银行不通过开

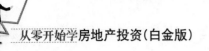

发商就可以向购房者本人发放购房贷款，买房人先贷款后买房，就立刻能享受到一次付清房款的优惠。

 提醒 "直客式"房贷，就是先贷款后买房。而"间客式"房贷是先买房后贷款。

相对于传统的间客式贷款，贷款者不只是多了选择权，而且可以实实在在得到更多实惠，节省了多笔费用。

如果由开发商指定贷款银行，开发商要向银行交纳一笔保证金，大约占贷款总额的10%，按惯例开发商会将保证金打入房价并转嫁给购房者。

如果采用直客式房贷，开发商可以省去了保证金，购房者则更能享受到一定的折扣，不必忍受银行的限制，可以选择任意网点进行办理。同时，律师费、保险费、抵押登记费等都可以免除。

在香港及海外地区，直客式房贷是国际惯例，这一模式为购房者简化了手续、降低了成本。但在国内，房地产和银行的现状让间客式房贷一统天下。

虽然目前选择直客式房贷的购房者并不多见，但也许不久的将来这种模式会慢慢普及。

7.9 提前还贷的技巧

随着贷款利息的不断升升，许多贷款购房者都感到压力在逐渐增大，要不要提前还贷呢？如果想提前还贷，又该如何操作呢？

7.9.1 如何计算还款本息

以贷款额30万元，贷款期限30年为例来计算一下。贷款年利率为5.58%，这样月利率就为4.65‰。按月等额还款的计算公式可知(见本章中的第7.1.4小节)，月还款额为1718.46元。

本金和利息的比例如何计算呢？

借款人获得贷款后第一个月应还利息为：300 000元 × 4.65‰ = 1395元。

第一个月所还本金为：1718.46–1395 = 323.46(元)。

借款人第一个月还款后剩余贷款本金为：300 000元–323.46元 = 299676.54元。

借款人获得贷款后第二个月应还利息为：299676.54元×4.65‰ = 1393.50元。

第二个月所还本金为：1718.46–1393.5 = 324.96(元)。

借款人第二个月还款后剩余贷款本金为：299676.54–324.96 = 299351.58(元)。

以后各月的还款以此类推。

128

7.9.2　提前还贷哪种方式最优

假如，李小姐买了一套总价格 70 万元的房子，首付 50%，贷款额为 35 万元，贷款期限为 20 年。在采用等额本息还款法还款 6 个月后，考虑提前还贷。此时，所剩贷款额为 335180 元，其中所还利息共 10117 元，即李小姐仅半年时间就已经支出 1 万多元的利息。下面来看一下选择哪一种提前还贷方式更经济实惠。

1)　将所剩贷款一次性还清

利息总额，就等于提前还贷前的利息额，即 10117 元。

2)　部分提前还贷，月供不变，缩短还款期限

假如提前还贷 10 万元，仍保持之前的月供水平，即 2470 元。这样贷款期限则缩短为 10 年零 6 个月，提前还款后的总利息为 81000 元。

利息总额 = 10117 + 81000 = 91117(元)。

3)　部分提前还贷，月供减少，还款期限不变

假如提前还贷 10 万元，贷款期限还为 19 年半，月供减少为 1682 元，提前还款后总利息为 158494 元。

利息总额 = 10117 + 158494 =168611(元)。

4)　部分提前还贷，月供减少，缩短还款期限

假如提前还贷 10 万元，月供减少为 1960 元，还款期限缩短为 15 年，提前还款后总利息为 117804 元。

利息总额 = 10117 + 117804=127921(元)。

5)　部分提前还贷，月供增加，缩短还款期限

假如提前还贷 10 万元，月供增加为 2589 元，还款期限缩短为 10 年，提前还款后总利息为 75470 元。

利息总额 = 10117 + 75470=85587(元)。

在这里可以看出，一次性付清所有贷款，所付利息最少。除此之外，月供缩短期限的还款方式更能节省利息，但月供也最高。如果贷款人工作稳定，收入较高，最好能采用这种方式。

注意，到底选择哪种方式提前还贷，不能一味地比较哪一种省钱，还要结合自己的实际情况，并对自己目前的还款能力及未来的还款能力做出理性的评估，只有这样，选择提前还款的方式才是最佳的。

7.9.3　提前还贷的步骤

提前还贷共有六步，具体如下。

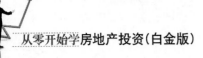

(1) 认真阅读贷款合同中的有关提前还款的条例，看合同中有没有写明提前还贷需要缴纳违约金的条款。

(2) 打电话到贷款银行，了解提前还贷的相关信息，最好与办理贷款的业务员或客户经理联系，确定一下能否办理提前还贷。如果能，则要问清提前还贷的地点、时间、办公地点电话，是否需要预约及提前还贷的条件。

(3) 打电话或亲自到可以办理提前还贷的相关部门，提出提前还贷的申请。

 提醒 一般情况下要预先约定，多数为提前一个月。

(4) 贷款人携带本人身份证、当初与银行签订的贷款合同等相关证件到贷款银行，填写《提前还款申请表》，并约定办理提前还贷的准确时间。

(5) 提交《提前还款申请表》，然后存入提前还款的金额。

(6) 如果提前还清全部贷款，房贷人拿着还清全部贷款的证明和保险单正本，到所对应的保险公司办理退保险费的手续。

第 8 章

房地产投资的验房
收房技巧

验房收房是购房者最高兴的事，但高兴之时，也许是真正的麻烦开始之时。周边环境配套与开发商的承诺差距太大，规划的绿地也不翼而飞，房屋质量问题多多，更要命的是房产证迟迟办不下来等。如此收房，常常让购房者相当受伤。为了保护自己的权益，购房者一定要依据合同清清楚楚地验房、明明白白地收房。本章首先讲解商品房验收的技巧及常见陷阱，然后讲解商品房面积的陷阱及防范技巧，接着讲解房产证的陷阱及防范技巧，最后讲解收房之后还应交什么费用。

8.1　商品房验收的技巧

房屋建筑完成之后，开发商会及时通知购房者来收房。通知的内容有交房的时间、需要交纳的费用、未能按时收房的处理办法。

通知的形式有许多种，最常见的有电话通知、传真通知、信件通知、登报声明等。购房者接到收房通知后，往往会很兴奋，有些不知所措，不知道该如何处理一系列问题，如怎样验收房屋？应该交纳什么费用？房子是否有质量问题？有质量问题应该如何处理？

这就是我们要讲的验房顺序，准备验房常用工具，尽可能避免和化解可能出现的房屋质量纠纷。

8.1.1　验房的顺序

验房主要分三步，先看外部，再查内部，最后测相邻，如图 8.1 所示。

1)　看外部

外立面，外墙瓷砖和涂料(注意腰线部位的内墙渗漏)，单元门(外观和试用)，楼道(宽度、扶手、踏步、纱窗)。

2)　查内部

入户门、门、窗、天棚、墙面、地面、墙阴阳角、墙砖、地砖、上下水、防水存水、暖气、煤气、通风、采光、排烟(厨房)、

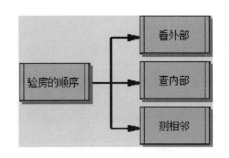

图 8.1　验房的顺序

排气(卫生间)、强弱电配电箱，强电：插座、开关、照明灯；弱电：可视对讲、呼叫报警器、电话、宽带、有线电视。

3)　测相邻

闭存水试验、水表空转等，这些问题必须和楼上楼下邻居配合检测。

8.1.2　验房常用工具

验房常用工具包括量具、电钳工具、辅助工具和验房专用工具，如图 8.2 所示。

1)　量具

3m 盒尺、25~33cm 直角尺、50~60cm 丁字尺、1m 直尺。

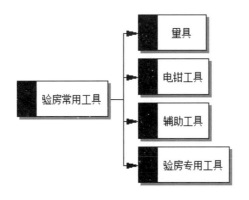

图 8.2　验房常用工具

2)　电钳工具

带两头和三头插头的插排(即带指示灯的插座)、各种插头、电话、电视、宽带、万用表、摇表、多用螺丝刀、测电笔、手锤、小锤、大灯(200W)、小灯(白炽灯 10～15W)。

3)　辅助工具

镜子、手电、塑料袋、纸、火柴、卫生纸、凳子、笔。

4)　验房专用工具

JZC-2 型垂直检测尺、多功能内外直角检测尺、多功能垂直校正器、游标塞尺、对角检测尺、反光镜、伸缩杆、水电检测锤、活动响鼓槌、钢针小锤、激光测距仪、钢化玻璃检测仪、激光水准仪、回弹仪等。

8.1.3　验房的内容

验房的内容主要包括十项内容，如图 8.3 所示。

1)　查看整体质量是否合格

一定要认真查看房屋主卧、客厅靠近露台的地面和顶上有无裂缝，如果有裂缝，需要看是什么样的裂缝。如果是与房间横梁平行的裂缝，虽然属于质量问题，但基本不存在危险，只要稍加修补即可。如果裂缝与墙角成 45 度角，或与横梁垂直，说明房屋结构有质量问题，居住会有危险。

然后还需要检查阳台的两侧是否有裂缝，如果有裂缝，也属于严重的质量问题。最后看一下承重墙是否有裂缝，如果裂缝贯穿整个墙面，就表示此房存在很大危险，购房者一定要慎重对待。

2)　检查门窗是否密封

主要检查窗户、阳台门的密封性。窗户的密封性最难验收，一般只有在大雨天才能试出好坏。另外也可以通过查看密封胶条的完整牢固性来判断密封性的好坏，此外，可以用手按门窗，看看有没有空洞和软弹的感觉，直角接合部是否严密。阳台门的验收主要看门的水平度，此外便是查看门面是否有钉眼、气泡或明显色差。

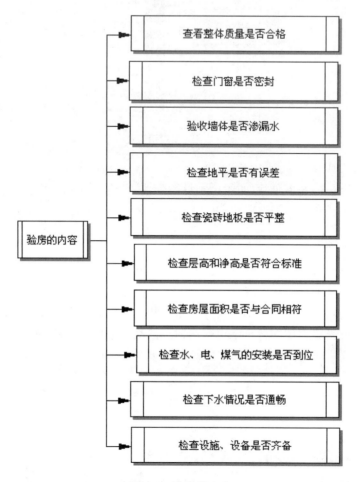

图 8.3 验房的内容

3) 验收墙体是否渗漏水

走进新房时，一定要注意查看房子的地面和房顶是否有渗水情况，这可以通过检查房屋墙面是否变色、起泡、脱皮、掉灰等现象来加以判断。

需要重点检查的是厨房、卫生间、阳台的顶部与管道接口处是否渗漏。验收住房最好在不过大雨之后，也可以在交房前与物业公司的工作人员一同前往，把厨房和卫生间里的水打开放一放，过两天再查看是否有渗漏现象。

4) 检查地平是否有误差

验地平，对购房者来说有一定难度。所谓验地平，就是测量离房门口最近的室内地面与门口内地面的水平误差。如果误差在 2 厘米左右，这表明建筑质量是可以的。如果超过 3 厘米，房子的质量就会有问题。

验地平的最好工具是激光扫平仪，如果没有，也可以用 20 米长的透明水管代替。先在门口离地面 0.5 米或 1 米处画一个标志，将水管中注满水，把水管的水位调至标志高度，并固定住，然后把水管的另一端移到离门口最远处的室内，看水管在该处的高度，再做下标志，用皮尺测量，这两个高度差就是房屋的水平差。

5)　检查瓷砖地板是否平整

在检查瓷砖地砖时，需要先看整体是否平整，然后用小榔头在瓷砖面上轻轻滑过，瓷砖如果有空鼓，一般都能从声音上听出来。

看地板时，主要看地板是否起翘，有没有空心，接合部是否密合，走起来有没有"吱咯吱咯"的响声。此外，还要认真查看地板的修边，特别是角位及近门的位置更应该留意。

6)　检查层高和净高是否符合标准

层高是指下地板面到上层楼面之间的距离，也就是一层房屋的高度。标准层高为2.8 米。

净高是指下层地板至上层楼板下表面之间的距离。净高=层高-楼板厚度。一般情况下，净高不低于 2.5 米。

用 5 米长的卷尺，将量出的数据记在小本上，然后与合同中的数据进行对比。

7)　检查房屋面积是否与合同相符

商品房在交付使用时，必须经有资质的专业测量单位对房屋面积进行核定，从而得出实测面积。

所以，在验收时，只要对这个实测面积进行核对即可。如果实测面积与合同面积的误差较大，就应向开发商提出协商解决的办法。

8)　检查水、电、煤气的安装是否到位

打开水龙头，检查是否有漏堵现象，尽可能让水流大一点、急一点，这既能看水压，又能测试水的速度。

检查煤气、电话线、闭路电视钱是否畅通，仪表安装是否到位。

关闭室内各个电路的分闸，看各个分闸能否完全控制各分支路线，而且强电、弱电的垂直距离应该超过 1 米，否则会影响电视的收看效果。家里的电源线截面积不应低于 2.5 平方毫米，空调电源线应达到 4 平方毫米，否则线路容易过热变软，进而出现危险。

9)　检查下水情况是否通畅

用盆弄满水，向各个下水处(台盆下水、浴缸下水、马桶下水、厨房和卫生间地漏)灌水，每个下水处灌两盆水，如果听到"咕噜噜"的声音，并且表面没有积水，说明没有问题。

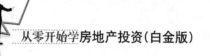

10) 检查设施、设备是否齐备

对房屋的设施、设备等的品牌、数量、质量进行查验，应该与购房合同上的数据相同。此外，还应落实设施、设备的售后维护期和保修工作。

如果这些都检查完毕，并且没有问题，就可以记下水、电、煤气的数字，然后到物业管理办公室，在《房屋验收交接单》上签字认可，并领取房屋钥匙(楼门钥匙、进户门钥匙、信箱钥匙等)和《住宅使用说明书》等资料，同时还须缴纳相关费用。

如果验收不合格，购房者应该将不合格的事项明确地记录在交接单上，并暂时不办理收楼入住手续，至于再次收房的时间，可由双方协商约定。

8.2　商品房验收的常见陷阱

唯利是图的房地产开发商在验房过程中，一方面借用强势地位来打压购房者，逼迫购房者就范；另一方面往往精心设计出各种陷阱，诱使购房者上当。购房者一不小心，就可能误入其圈套，即使有不满也只能咽到肚子里。

下面举例说明。

某楼盘到了合同约定的交房时间，业主们都收到了开发商发来的收房通知。可没有想到的是，当业主们赶到楼盘现场时，才发现道路不通，各种管道都在施工中，而且水、煤、电也未通上。于是，业主们到物业公司了解情况，物业告知业主们，该商品房已验收合格，按合同约定，现在可以收房，但收房后不能立即装修，必须在其15天后。业主们不同意收房，15天后，业主们再次来到楼盘现场，发现仍然是尘土飞扬。业主们在与开发商交涉数周后，问题仍不能解决，于是业主们要求开发商赔偿不能按时交房的违约金。

开发商解释说，双方在商品房买卖合同中约定的收房条件是：商品房经验收合格，而不是商品房经综合验收合格。虽然楼盘的配套设施并不完善，但这并不影响交房。开发商拿出《单位竣工验收报告单》，表明在合同约定的交房日期前，该商品房已验收合格。开发商称其已在合同约定的交房时间通知业主交房，是业主自己不愿意收房，所以开发商不应当承担不按时交房违约责任。

8.2.1　入住既成事实和交齐尾款再验房陷阱

在验房时，细心的业主们会发现很多质量问题，并据理与开发商交涉。此时开发商会以无比真诚的态度向你保证，先入住一切都好商量，并做出种种口头承诺。当业主真的信了他们的话，入住后，再去找开发商理论，一切都变了，都晚了。开发商会以你已经入住，造成在客观上承认验收合格的事实，而一推了之，这样业主有理也讲不清了。购房者按房屋买卖合同约定的日期，去验房收房时，开发商就会要求购房者交齐各种尾款，如果不交齐各种费用，就不让你去看房。当你按开发商的意思交齐各种费用后，常常看到的是质量有比较大问题的房子。再找开发商讲理，他们往往摆出一副"上门交涉拒之门外，诉讼官司随你的便"的无赖态度。处于弱势的购房者往往根本奈何不了他们。

8.2.2　签字就交钥匙陷阱

当购房者做好充分准备，在验房时想与开发商据理力争，施展自己的智慧时，开发商却会以不签字就不给购房者钥匙为由，让购房者只能妥协。可一旦购房者签了字，就被开发商套住了，拿到钥匙验收房子时，即使发现问题很多，甚至无法入住，都因有"签字"，而无法充分维护自己的正当权益。

另外，有些购房者，在满怀欣喜地见到了渴望已久的新房时，高兴之情溢于言表，来不及对房屋进行质量查验，在开发商的美言劝诱下，稀里糊涂就在房屋验收合格单上签字。等事后发现问题，只能把苦水咽到肚子里。

8.2.3　承诺保修陷阱

面对警惕性较高的购房者，验房过程中又出现了实在无法抵赖推脱的质量问题时，开发商惯用手法就是信誓旦旦保证一定保修，让你先在验房单上签字。一旦目的达到，原先的所有口头承诺全都作废，一概否认。

对于商品房验收时的各种陷阱，要有防范措施，即按照验房顺序和验房内容进行一步一步的验收。同时还应保持足够的警觉，在任何情况下，不查明事情的原因、不落实解决的责任，都不要在文件上轻易签字，以免在法律上落下不利于自己维权的证据。

8.3　商品房面积的陷阱及防范技巧

当购房者在经过漫长等待之后，终于收到了验房通知，满怀欣喜地去验房收房时，却发现面积大幅缩水，甚至一些主要设施的结构都已改变，这时你该怎么办呢？下面举例说明。

2011 年 6 月，李先生与某房地产开发商签订了一套待建楼房的《商品房买卖合同》，对房屋建筑面积、套内建筑面积、每平方米的单价、总价、房屋交付日期等进行了约定。

同时，还约定，产权登记面积与约定面积误差比在 3%及以内，多出部分的房款

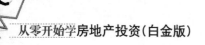

由李先生补足；不足部分的房价款由开发商返还给李先生。同一天，还签订了交付房屋的建筑面积与套内建筑面积比例不变的补偿协议，但未约定存在比例问题如何承担违约责任。李先生签订了这个合同后，按约定交了房款。

2012年8月，李先生终于收到了"入住通知"，但同时还接到了开发商的电话，说要他在验房时补交房款，开发商告诉他这是因为增加了建筑面积。李先生到楼盘销售处，然后与开发商进行交涉。开发商派人与李先生一起进行实地验证，房管部门负责测量。果然，经房管部门测量，李先生购买的房屋实测建筑面积比约定的增加了1.4平方米；但套内建筑面积比约定的减少了1.87平方米。可令人不解的是，开发商根据当初的合同，要求李先生补交5000多元房价款。

有点恼怒的李先生，通过法院和开发商协商，他认为对方违约，要求赔偿自己因房屋套内面积减少造成的损失。但开发商认为，误差是在允许范围内的，补充条款并未约定发生变化时如何处理。双方经反复协商后仍没有达成协议。

2013年2月，李先生到法院起诉。法院判决开发商与李先生应该继续履行房屋买卖合同，开发商补偿李先生8000元，同时根据合同条款约定，判李先生赔付开发商5000余元建筑面积增加差价款。在验房收房这一个环节中，最大的也是最多的陷阱就是房屋面积的增减问题。某些开发商利用购房者没有能力测量整个楼盘建筑面积的弱点，在面积、层高、结构设计、公摊面积等方面大搞猫腻，这样让购房者既增加房款，又减少了面积。

另外，增加看不清的公摊面积，购房者长年还要支付物业服务费和供暖费等各项费用，可以说这个莫名其妙的花销要伴随我们一生。

8.3.1　图纸变形和层高缩水陷阱

开发商售房时，一方面"自弹自唱"，以自己的建筑图为蓝本，自行设定建筑面积，购房者一不小心，就会被开发商牵着鼻子走。另一方面，又将一些正规建筑设计院制作的建筑平面图作为向购房者施骗的工具，图纸上是一套，而实际施工又是一套。一般购房者很容易被设计图纸所迷惑，其实你一定要明白，即使按照图纸施工，但为了获得不正当利润，开发商也会无中生有地将一些本不该分摊的建筑面积加入到购房面积中来计算，使购房者蒙受损失。

这些项目通常比较隐蔽，不易被人发现。例如，整个楼盘中如存在地下室、车棚等，又被开发商出售或出租出去的，这部分面积就不应该计入你的购房分摊面积中；另外，如果楼盘的地下室是人防工程，也不应该计入购房建筑面积分摊中。

开发商为了增加楼层，常常会缩短楼房的原来高度，或擅自改变原来的设计高度，从而为购房者设计了陷阱。层高常见陷阱有两种，具体如下。

(1) 把原楼房建筑改为复式建筑，使房屋高度缩水。

(2)　开发商为了减少高层楼盘造价，私自减少高层房屋高度。

8.3.2　按套计算和偷换概念陷阱

相当多的开发商在出售房屋时按"套"或"单元"出售，并以建筑面积而不是使用面积来计算房价，同时不在合同中对面积误差或套型误差做出具体约定，这样购房者即使在验房收房时发现了问题，在与开发商交涉时，也处于不利地位，无法据理讨回公道。

另外，开发商为了掩盖合同与现实的不同，故意将购房建筑面积根据自己的需要来解释为实际使用的建筑面积，即解释为加上了公摊的建筑面积。在房屋交付时，开发商常常要购房者补交建筑面积扩大款，这一点购房者一定要小心。

8.3.3　防范商品房面积陷阱的注意事项

商品房面积陷阱防范技巧共有三点，如图 8.4 所示。

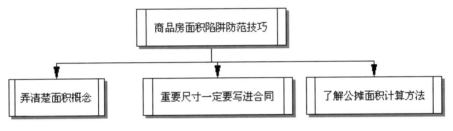

图 8.4　商品房面积陷阱防范技巧

1)　弄清楚面积概念

你在与开发商签订合同之前，一定要弄清楚面积概念。

商品房建筑面积是由套内建筑面积和分摊的共有建筑面积组成。我们常说的使用率是套内使用面积与建筑面积之比。一般情况下，设计合理的楼房使用率为：高层塔楼住宅在 72%～75%之间；高层板楼住宅在 78%～80%之间；多层住宅在 85%左右。

购房者买楼前，可以自己计算一下所买房子的使用率，从而判断房子的设计和价格是否合理。

2)　重要尺寸一定要写进合同

一般购房合同关于房屋面积的标准与规定较为简略，大多只包括一些主要数据，并附上一个简单的房屋平面图，其他一些具体的数据包括各居室、门窗、墙体、阳台、管理井、空调机位、设备层、层高、净高等都很少写明。

购房者在签订合同时，如果不放心，对上述一些重要的尺寸，可以要求开发商写

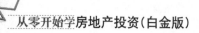

到合同中。注意，千万不要接受不规范的草图或没有尺寸的示意图，不要轻信平面图的比例。

3）了解公摊面积计算方法

虽然公摊面积的计算比较复杂，购房者很难弄明白。但为了保护自己的合法权益，还是应尽可能多地掌握一些与公摊面积计算相关的知识。

公摊面积计算公式具体如下。

分摊的公用建筑面积=各套套内建筑面积×公用建筑面积分摊系数

其中公摊系数是根据每幢楼的不同结构及公共设施计算得出的，可以要求开发商出具其报送房屋交易管理部门的销售面积核定数据，其上即有公摊系数。现行公摊面积一般主要包括楼梯、电梯、过道、首层大堂等，有的楼盘公摊面积则还包括了水房、电房、保安亭等配套设施的分摊。

如果购房者在验房收房时，发现公摊面积可能有假，可以联合其他业主集体委托专业的具有资质的测量机构进行重测复验。当发现开发商把不应摊入的面积算入公摊面积，购房者可以向消协投诉，也可以向法院起诉，从而保护自己的权益。

8.4 商品房验收要注意水、气、电是否已开通

当购房者经过漫长的等待，终于等来了验房的通知，于是，到了现场才发现新房根本没达到验收标准，要么水、气、电不通，要么通了，却四处滴漏、管道堵塞。找开发商或物业，要么干脆不理，要么只有口头承诺不见行动。

下面来举例说明。

再过半年，就要结婚的王先生，终于盼来了新房的验收，于是约了一帮好友高高兴兴地前去验房。可到了新房一看，高兴劲一下就没有了，眼前的一切让王先生和他的朋友大失所望。水、气、电样样不通，更别说电话、宽带和有线电视了。王先生找到了开发商，气愤地说："这样的房子能入住吗？如果你是我的话，能验收吗？我们的损失谁来补偿呢？"

对于这些质问，开发商并不否认，并且态度相当好，并承诺会尽快解决，到时一定会让王先生满意。一个月后，王先生再去验房，这次水、电是通了，但天然气没有通。开发商说，天然气要等70%的业主入住后再开通，电话、有线电视须业主先交齐入户费再开通。

王先生考虑到再耽误可能婚礼就要推迟了，只好勉强同意收房。可不久，王先生在装修时又遇到新问题，小区中的水、电总是时有时无，有时好几天都没有水和电。虽然入住率已超过80%，天然气仍然迟迟无法开通。

当王先生再次找开发商交涉时，开发商要么闭门不见，要么一拖再拖，眼看婚期

一天一天临近，可开发商的承诺仍未兑现，王先生只能无可奈何地等着。验房交房时，最让购房者头疼的是"三通"问题，即水、气、电的开通。虽然业主们心急入住，但这些问题不解决，入住岂不是空谈。另外，购房者还要注意，很多开发商为了使验房收房顺利，常常会临时提供水、气、电等生活必需条件。可当购房者入住后，才发现房子的"三通"就像患了肠梗阻的病人时时停断，导致生活的极大不便。

当业主们要求开发商或物业公司解决时，却被告知要补齐物业费、绿化费、取暖费、有线电视开通费等一大堆费用。这时，购房者才明白上了开发商的当。对此，业主们一定要据理力争，联合起来依法维权，而不能听由开发商无理摆布。

8.5　房产证的陷阱及防范技巧

取得房产证，是整个验房收房环节中最根本的目的。拿不到房产证的原因有很多，但无论如何，开发商都要承担一定责任的。下面举例说明。

2006 年 3 月，陆先生与某房地产开发公司签订《房地产预售契约》，购买该公司开发的某楼盘中一套住房，建筑面积 92 平方米，成交价为 30 万元，合同中没有约定办理房产证的期限。陆先生依约支付了全部房款，2006 年 12 月，开发商把房子交付给胡先生。但是开发商一直没有为陆先生办理房产证。

2010 年，陆先生在访小区已居住 4 年，还是没有办下房产证。2010 年 9 月，开发商突然致函陆先生，说他的房子多了 10 平方米，应该马上补交房屋面积加款，还需要交付办证的费用及材料，然后才能办理房产证。

2012 年 12 月，陆先生将开发商告上法庭，要求开发商支付交房后 90 天起的逾期办证违约金。而开发商在法庭上却提出由于合同未约定办证期限及违约责任，而且已经催过陆先生提供办证资料而他没有提供，所以不承担逾期办证责任。因此双方僵持不下，法庭只能延期再判。

8.5.1　房产证的陷阱

合同不明确约定办理房产证的时间，也未约定开发商逾期办证时的赔偿责任，这样就无法保证购房者在合理时间内获得房产证，从而落入开发商设计的陷阱。这方面的陷阱主要有两个，分别是办证期限陷阱和房产证代办陷阱，如图 8.5 所示。

1）办证期限陷阱

在办理房产证的过程中，开发商都知道由于自己的问题，而超过了约定期限或法律规定的期限帮助购房者取得房产证，所要承担的责任。因此，开发商一般都会在办证期限上设置陷阱，或不作明确约定，或有意延长时间，以躲避相关的赔偿责任。为此，购房者一定要争取在购房合同中，明确约定办理房屋登记和产权证的最后期限，并约定如不能按期办理，开发商应承担的赔偿数额。

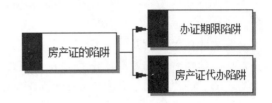

图8.5　房产证的陷阱

2)　房产证代办陷阱

当前，房屋买卖过程中，房产证大都是由开发商或某指定中介机构代为办理。在房产证代办过程中，这些代办机构往往会要求业主们预交维修基金和契税，这就为代办机构利用集中起来的一笔巨额资金获取利息提供了方便，代办机构甚至故意拖延时间，以获取更多的利益。这时，购房者面临钱、证两空的巨大风险。所以，为避免此类陷阱发生，购房者有权自己办理房产证。

8.5.2　房产证陷阱的防范技巧

为了按期办理房产证，购房者要注意两点，分别是熟悉办证流程和合同明确约定超期违约索赔，如图8.6所示。

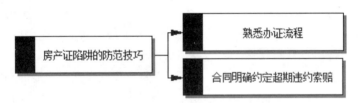

图8.6　房产证陷阱的防范技巧

1)　熟悉办证流程

办理房产证过程具体包括初始登记、转移登记等过程，其中初始登记只能由房地产开发商办理。

楼盘竣工后，开发商首先要进行初始登记。初始登记，就是确权，根据法律规定，新建的房屋，申请人应当在房屋竣工后的3个月内向登记机关申请房屋所有权初始登记；并应当提供用地证明文件或土地使用权证、建设用地规划许可证、建设工程规划许可证、施工许可证、房屋竣工验收资料以及其他有关的证明文件。经房屋土地管理部门审查、审核、测绘、审批后，确权完成，开发商取得"大产权证"。

然后就可以进行转移登记了。购房者办理房产证的行为，就是转移登记，应当在商品房交付之日起90日内申请办理产权证。

为了避免开发企业与产权登机关互相推卸责任，《商品房销售管理办法》规定房地产开发企业应当在商品房交付使用之日起 60 日内，将需要由其提供的办理房屋权属登记的资料报送房屋所在地房地产行政主管部门。房地产开发企业应当协助商品房购买者办理土地使用权变更和房屋所有权登记手续。

2) 合同明确约定超期违约索赔

现实生活中，合同条款约定不明而产生歧义，是大量房屋办证纠纷产生的主要原因。购房者在签订合同时，如果同开发商协商由开发商去办证的，最好在合同中注明，卖方办理完初始登记后，还负有为购买者主动办理房屋权属证书的义务。

8.6   收房入住还应交什么费用

在办理收房入住手续时，业主经常会碰到这样的情况，一些开发商要求业主先行交纳一些所谓的费用和押金，如物业管理费、煤气费、有线电视费等，否则就不给钥匙。面对一大堆名目繁多的费用，业主常常被弄得一头雾水，因为大多数业主缺乏对相关交纳费用政策与法规的了解。到底哪些费用是应该由开发商交，哪些费用是应该由业主自己交，哪些属于不合法费用呢？下面来进行详细讲解。

8.6.1   物业管理费和公共维修基金

一般情况下，业主收房后，就要交纳物业管理费。但业主可以按月、季交费，物业公司无权强行要求业主一次性交纳长期物业管理费作为收房入住的条件。公共维修基金，不同于物业管理费，该基金只用于住宅共用部位、共用设施设备保修期满后的大修、更新和改造。

公共维修基金是由业主和开发商共同交存的。业主首次将按照房改成本价的 2% 计算交存，开发商则按照多层住宅不低于售房款的 2%、高层住宅不低于售房款的 3% 的方式一次性计算交存。

注意，公共维修基金不需要在入住时交纳，但应在产权证办理前交清。另外，在二手房交易中，不会涉及公共维修基金。

8.6.2   燃气、有线电视、宽带开通费

从实际情况来讲，燃气开通费取决于开发商与业主之间是否有协议，如在售房时，开发商并未承诺燃气管道入户，而是写明业主承担，则在交房时收取燃气开通费就有了前提。一般来讲，燃气开通费是由开发商交给燃气公司，这笔费用无形之中已纳入了总房价款。有线电视、宽带开通费，不属于物业收费的范围。如果业主与开发

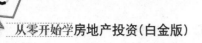

商没有协议的话，业主没有义务在入住前交纳该项费用。业主可以自己到电信部门办理相关开户手续并交纳费用。

8.6.3　产权代办费和契税

如果没有合同依据或业主自愿，开发商是无权强制代办产权证的。对于一次性付清购房款的业主，因为开发商已经没有任何风险，收取代办费用就更没有根据了。对于按揭贷款的业主来说，因为开发商还承担阶段性担保的风险，其之所以代办产权证，是为了避免风险。

开发商让购房者提前缴纳契税的原因是，开发商在客户贷款过程中，承担了阶段性担保。开发商想尽早摆脱自己的风险，当然，也不排除有些开发商想占用资金的可能性。当然，还有一种情况是，税务局对契税有优惠政策，即房屋单价在一定金额内时，契税可以减半，而开发商不告知业主，仍然按照 3%的比例收取，从而侵占业主本不应该缴纳的 1.5%的契税，非法获利。

> **提醒**　业主入住时，不需要向开发商缴纳契税，等房屋可以办理产权证之前自己到税务局直接办理即可。

8.6.4　面积测绘费和装修保证金

面积测绘费收取原则是，谁委托，谁收费。购房合同已规定开发商向购房者提供面积测量数据的义务，故此费用应由开发商交纳。

在实际生活中，确实有不少装修工人在装修时，不考虑他人生活的方便、安全，也不顾及对建筑物设施设备的保护，野蛮施工，随意抛掷垃圾，在不恰当的时间进行施工，从而引起其他业主的极大不满。因此，事先交纳保证金。假如在装修过程中出现损坏物业、破坏物业设施设备，给他人造成生命、健康、财产方面的损失等情况时，就可以用这笔押金支付。

如果装修过程一切平安，没有发生违规情况，物业公司再把收取的保证金及时退还。应该说，这是一个比较好的监督、控制方法。

第 9 章

房地产投资装修物业的技巧

　　验房收房后，要想入住还必须先进行装修，同时与小区的物业公司办理好相关的入住手续。业主该如何装修新房呢？是否清楚自己享受的物业服务内容？本章首先讲解新房装修的风格和技巧，然后讲解装修的陷阱与防范技巧，接着讲解通过装修增加室内高度的技巧和防范装修污染的技巧，最后讲解物业管理的陷阱和业主委员会的常见陷阱。

359,464	0.3%
8,632,724	7.7%
59,087	0.1%
13,963,095	12.4%
5,266,055	4.7%
10,323,178	9.2%
5,283,470	4.7%
4,330,582	3.8%

9.1 新房装修的风格和技巧

购买房子是人生中的一件大事，要想居住舒服，新房到手后的第一件事便是装修。每个购房者都想把自己的房子装修得大方气派、有格调、有品位。但是，怎样才能装修好自己的新家呢？下面来具体讲解一下装修的风格和技巧。

9.1.1 新房装修的风格

新房装修的风格共有八种，如图 9.1 所示。

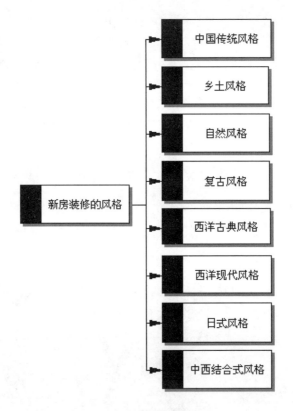

图 9.1 新房装修的风格

1) 中国传统风格

中国传统崇尚庄重和优雅。吸取中国传统木构架构筑室内藻井天棚、屏风、隔扇等装饰。多采用对称的空间构图方式，笔彩庄重而简练，空间气氛宁静雅致而简朴。

2)　乡土风格

乡土风格主要表现为尊重民间的传统习惯、风土人情，保持民间特色，注意运用地方建筑材料或利用当地的传说故事等作为装饰的主题。在室内环境中力求表现悠闲、舒畅的田园生活情趣，创造自然、质朴、高雅的空间气氛。

3)　自然风格

自然风格崇尚返璞归真、回归自然，摒弃人造材料的制品，把木材、砖石、草藤、棉布等天然材料运用于室内设计中。这些做法，在别墅建筑中特别适宜，备受人们喜爱。

4)　复古风格

人们对现代生活要求不断得到满足时，又萌发出一种向往传统、怀念古老饰品、珍爱有艺术价值的传统家具陈设的情怀。于是，曲线优美、线条流动的巴洛克和洛可可风格的家具常用来作为居室的陈设，再配以相同格调的壁纸、帘幔、地毯、家具外罩等装饰织物，给室内增添了端庄、典雅的贵族气氛。

5)　西洋古典风格

西洋古典风格，是一种追求华丽、高雅的古典风格。居室主色调为白色。家具为古典弯腿式，家具、门、窗漆成白色。擅用各种花饰、丰富的木线变化、富丽的窗帘帷幄是西式传统室内装饰的固定模式，空间环境多表现出华美、富丽、浪漫的气氛。

6)　西洋现代风格

西洋现代风格，以简洁明快为主要特点，重视室内空间的使用效能，强调室内布置按功能区分的原则进行，家具布置与空间密切配合，主张废弃多余的、烦琐的附加装饰，使质和神韵。另外，装饰色彩和造型追随流行时尚。

7)　日式风格

日式风格，空间造型极为简洁、家具陈设以茶几为中心，墙面上使用木质构件作方格几何形状与细方格木推拉门、窗相呼应，空间气氛朴素、文雅柔和。

8)　中西结合式风格

在空间结构上既讲求现代实用，又吸取传统的特征，在装饰与陈设中融中西为一体。如传统的屏风、茶几，现代风格的墙画及门窗装修，新型的沙发，给人以不拘一格的感觉。

不同性格、不同文化修养、不同年龄和职业的人，其居住空间环境的风格及个性要求是不同的。居家环境风格的营造须结合自己的个性要求进行选择、定位。

9.1.2　新房装修的基本原则

新房装修的基本原则包括七项，如图 9.2 所示。

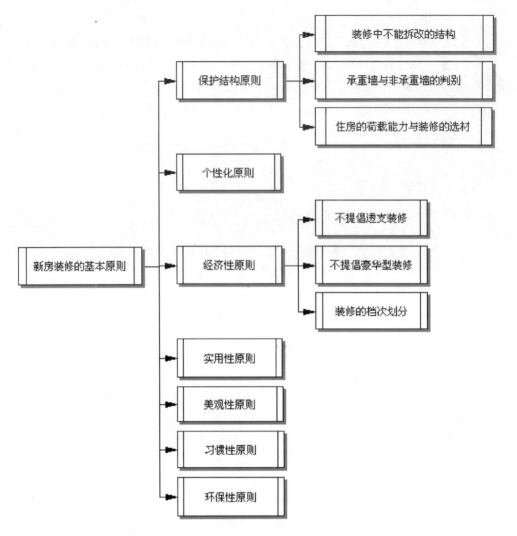

图 9.2　新房装修的基本原则

1．保护结构原则

首先要保证家庭居住环境的安全。为了家人和他人的安全，一定要有保护房屋基本结构的意识。

1)　装修中不能拆改的结构

在家庭装修中，不能拆改的主要项目有承重墙、室外有阳台的半截墙、房间的梁或柱，这些部位的拆除或改动，直接影响到房屋的安全。

2)　承重墙与非承重墙的判别

承重墙承载住房的基本结构，无论其位置如何，在装修中绝对不能拆除、改动。

3) 住房的荷载能力与装修的选材

住房的安全，与装修中工程所用材料有密切关系。另外，还应对以下有关结构问题加以注意。

➢ 注意保护防水层：在装修设计过程中，就要注意保护防水层，如果施工危及或破坏防水层，就必须进行防水层的修补，或者重做防水层。

➢ 注意防火：装修中使用的木材、织物等易燃材料应该进行阻燃处理，减少发生火灾时的损失。

➢ 注意电路容量：在家庭装修中，对电表容量、导线的粗细等都应重新进行设计，以避免使用时发生事故。

2. 个性化原则

首先，尊重并行使你的自主权；其次，要突出你家的特征。

(1) 装修个性的表现。个性的表现主要是通过居室空间内的造型、造景、色彩运用和材料选择来体现的。

(2) 正确表现装修个性的方法。任何家庭在装修时，都要借助一定的参照物，很多人不顾家庭的生活需要，选择宾馆、酒店作为家庭装修的样本，就很难反映出家庭的特点。

(3) 突出个性和整体的和谐要以长远的、发展的思想指导进行家庭装修设计。

3. 经济性原则

从自身条件出发，结合居室的结构特点，精心设计，把不同档次的材料进行巧妙组合，充分发挥其不同质感、颜色、性能的优越性，就能达到既经济又实用的美化原则。

1) 不提倡透支装修

家庭装修的根本目的是提高生活质量，不能搞举债装修，不能因装修而影响家庭的日常生活质量。

2) 不提倡豪华型装修

家庭装修要考虑到日常生活的需要，要起到方便生活的作用，装修必须实用。

3) 装修的档次划分

家庭装修的主要内容是对地、墙、顶做饰面处理，对门、窗进行改造，对厨房、卫生间、灯具等进行设施更换与改造，以及配套家具的制作等。

4. 实用性原则

实用性是指居室能最大限度地满足使用功能。一是为居家者提供空间环境；二是最大限度提供物品储藏的需要。把为生活服务的功能性放在重要位置，一定要给使用者在生活中留下方便、舒适的感觉。

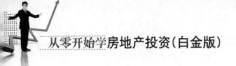

5. 美观性原则

美观性是指居室的装饰要具有艺术性，特别是要体现个体的独特审美情趣。

6. 习惯性原则

家庭装修要有艺术美的追求，但必须以尊重主人的生活习惯为前提，艺术取向要与生活价值取向相一致，与生活习惯相和谐。

7. 环保性原则

搞装修也要树立环保意识。在材料的选择上应首选环保材料，特别要在采光、通风、除臭、防油等方面下功夫。

9.1.3 新房装修十忌

(1) 忌吊顶过重、过厚、过紧、色彩太深、太过花哨。

(2) 地板忌乱用立体几何图案以及色彩深浅不一的材料。

(3) 忌地板色泽与家具色泽不协调。

(4) 忌浪费空间，不重实用。装饰要充分利用空间，把空间分隔得疏密有致、富有韵律。

(5) 忌陈设色彩凌乱，配搭不当，"万紫千红"。

(6) 忌大家具放在小房内，一是破坏了房屋的整体造型完整；二是使房屋比重失衡；三是有碍视觉上的清爽感。

(7) 忌不能"割爱"，整体不般配。

(8) 忌风格不统一。千万不要盲目进行装修，而不考虑整体效果。

(9) 忌过分追求高档、盲目攀比、不讲效果。其实效果并不是与耗资成正比的。

(10) 忌缺乏个性、不求品位。居室装修要根据主人的修养、审美观等来确定风格，这样才与主人本身吻合。

9.1.4 合理装修六字经

合理装修六字经分别是薄、厚、透、漏、瘦和皱，如图 9.3 所示。

1) 薄

地面装饰材料，从少占空间、减少楼板负荷的角度考虑，应该是越薄越好。

2) 厚

在"软装饰"中，厚一些的材料很有质感，如床罩、沙发坐垫、靠垫等；较高大的空间，可搭建较高的"地台"来表现空间的层次感和区域性。

3）　透

针对室内光线不足的问题，可在各房间之间增强透光性。

4）　镂

有"镂雕"的家具、天花板、墙裙等，都能增加居室的神秘感，提高装修档次。

5）　瘦

使用细高或纵向色彩条块明显的家具，以及选择有竖线条的饰布、窗帘，可突出强调纵向的结构。

6）　皱

家居装饰，安全第一，如家中有老人、幼儿，则地面应该首选有"皱纹"的"防滑型"的材料；其次，带"褶皱"的、表面"粗糙"些的反倒有质感和朴实、力度之美，且还有吸收噪音的功能。

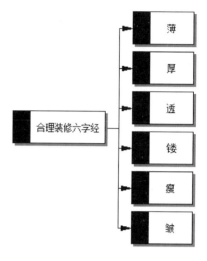

图 9.3　合理装修六字经

9.2　装修的陷阱与防范技巧

验房收房后，你还是无法直接入住，即入住之前要先装修。装修的陷阱很多，你一不留意，就会上当受骗。下面举例说明。

王女士 2014 年 6 月份买下一套房子，新房令她满意，入住只差装修了。这时，她听说同楼的一些业主和一家装修公司签订了装修协议，也兴奋地找到该装修公司。

在看了装修样板间后，王女士比较满意，依样签订了一个装修协议。该协议约定，王女士的装修费用总共为 6.8 万元，先要交 40%的预付款，验收后补齐全部装修款。装修公司承诺进行个性化设计，并组织专业装修人员进行施工，装修质量标准按照样板间的样式进行，内饰都采用国际名牌精品，三个月后交工完活。装修协议签订后，王女士就等着收房了。三个月过去了，收房的这一天终于到了，业主们要求先看房再把剩余的装修款交齐，但装修公司坚持要业主先把所有装修款交齐。无奈之下，王女士和其他业主只好交了款。

可到房中一看，王女士简直不敢相信自己的眼睛，不仅装修质量问题多多，而且材料和设施普遍以次充好。王女士反复与装修公司交涉，装修公司答应进行维修更换。在苦苦等了一个多月后，效果仍不能让人满意。

在新屋装修中，很多业主由于缺乏相关知识，从而掉入装修公司的各种陷阱中，致使自己的利益受损，花了不少冤枉钱。

9.2.1 装修报价单中的陷阱与应对方法

曾向多个已经装修或正在装修的业主调查后发现，他们中的大部分人对白纸黑字的装修报价单一知半解，到了开始装修和结算的时候又往往发现实际支出与报价单上的预算相差很大。

装修报价单(业内人士称其为装修预算单)，看起来写得清清楚楚的项目到底有没有什么猫腻？在专业人士看来，普通业主要看懂装修报价单的确不是容易的事情，因为报价单的条条框框下隐藏着不少专业知识，不规范的装修公司就可能借着这些专业知识做些业主看不懂的文章。下面来具体看一下装修报价单中的陷阱与应对方法。

陷阱一：拉低某个单项的价格

听多了装修公司的猫腻，业主都会事先向已经装修的朋友求教，或是到市场上去了解某项材料的价格，可是他们了解的信息往往是片面的。例如，有的业主知道地板、瓷砖目前的单价，但是他并不一定了解地板安装、贴瓷砖的人工费用，于是他把地板、瓷砖的价格砍下来了，却在人工费用上吃了亏。

化解办法：看装修报价单，不要只盯牢某个项目的单项价格，而是要综合人工、损耗、机械等各方面费用以及其他项目的费用来看，如果发现某个价格特别低，那么你就得审查其他项目的价格了。

陷阱二：遗漏某些硬装修的主材

这恐怕是很多装修业主都遭遇过的问题。装修报价单上被刻意遗漏了某些主材，业主被这种整体价格合理的报价单吸引而爽快签约，但在接下来的装修过程中业主将为装修公司这些恶意的遗忘而不断地往外掏钱。

化解办法：建议业主先小人后君子，根据设计图纸，要求在装修合同或者协议上写清楚所有主材，且标明购买者是装修公司还是业主自己。通常比较容易被遗漏的主材是背景墙、吊顶等用于角落的材料。

"这是一种非常好的业主自我保护措施，对装饰公司来说也是如此！"一业内人士称此为减少装修猫腻的最厉害的一招。

陷阱三：模糊所选主材的品质、级别、规格

这是不规范的装修公司较为常用的方法，虽然写明了需要某些材料，表明了材料需要的数量，但是没有说明到底选用什么品质的、什么品牌的、什么规格的材料。

拿到过一份某装修公司提供给业主的报价单上写着关于过道背景的说明，"过道背景(玻璃饰门)。主材名称：烤漆玻璃。数量：1.5 平方米。单价：220 元……"

业内人士认为，这一项从价格、品质上看起来说得很清楚了，业主从市场上了解

的大体价格或许也差不多，但其实不同的厚度、不同厂家的玻璃材质，价格就相差很多，装修工人随便偷梁换柱一下，业主的利益就会受损害。而规范的做法应该是在后面备注玻璃的厚度以及品牌、出处。

化解办法：要把单价和产品的规格配套起来看费用，要求报价单的每一项尽可能详细地说明材料的各项要素。装修期间注意核查相关材料是否按指定的要求采购。

陷阱四：偷换材料计量单位

这一招对于非专业的业主来说是最难看穿的，因为业主很少注意到报价单上的单位，不太了解不同的单位意味着报价数字偏差很大。例如，定做一个鞋柜，报价单上写着"主材：8 毫米玻璃搁板+1 厘米钢化玻璃+镜子+辅料。单位：项。数量：1……"貌似很合理的样子，其实关于鞋柜的尺寸大小没有说明，就给装修者后面留足了钻空子的机会。

化解办法：国外的装修报价一般都是按照实际面积来算的，事先说明所有装修材料，然后根据每平方米需要的装修费用再乘以房子总面积，就得出了装修总价。国内的室内装饰虽然还没有发展到这一步，但在很多项目上还是建议按照实际面积来算，比如衣柜、鞋柜等，尽量少以"项"为单位，免得在装修过程中出现误差。

陷阱五：施工工艺含糊不清

光看数字、不看文字说明是大部分业主在查看报价单时常犯的毛病，总觉得一个数字差错会造成损失，而文字说明肯定没法做手脚，事实并非如此。无论是墙面涂层施工、地板施工、下水管道施工都有各自的施工工艺要求，中间漏过一道工序，在未来的生活中就可能给你造成很多麻烦，墙面掉漆、卫生间渗水等问题大都是装修施工工艺不过关导致。

化解办法：多学一点装修常识，了解关于室内装修的各项工程施工工艺标准，定期去装修新房了解进程，这样有一定的防范作用，但更好的办法是聘请一家有资质、专业性强、施工人员稳定的装修公司为自己服务。

9.2.2　装修报价单的查看技巧

一份内容较为完整的装修报价单，主要包括四项，具体如下。

➤　装修预算附件(具有法律约束力的)。

➤　预算协议(说明业主自购、装饰公司代购的材料以及此材料的型号、等级、品牌、单价等)。

➤　客户主材表(业主自购的主材列表)。

➤　装修报价表(除了所有材料的报价，还有详细的施工标准)。

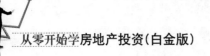
所有内容加起来组成了厚厚的一本资料，要让完全外行的业主看明白实在有点困难。业内人士建议，没有时间和专业常识的业主千万不要只盯价格，因为讨价还价的结果只是占了小便宜，更何况不同公司选用不同材料、运用不同计算方法最后得出的总价可比性并不高，可以用以下"三看"来防范报价单猫腻。

一看：设计图纸

因为这是装修房子的总规划。可以先不看报价单，要求装饰公司根据设计图把所有需要用到的材料都在报价单中标注出来，并在合同中详细注明自购以及代购的材料，然后打定主意不对设计做任何改变，那么最终的装修费用将和报价单费用非常接近。

二看：主材

因为主材费用占据了装修支出的大头。事先了解市场上通用的主材或者自己喜欢的主材规格、价格、款式、品牌等，看报价单详细清单的时候首先看主材是否有问题，是否已经说明白。

三看：施工工艺

因为施工工艺决定了房子的装修质量和使用寿命。装修之前，业主需要对室内装修的大体施工工艺有所了解，知道墙面涂层要刷几次、地面处理分几道工序，同时选择口碑较好的装修公司，这样才可以保障质量上没问题。

9.3 通过装修增加室内高度的技巧

现在楼房的净高一般都比较低，一般为 2.5 米，有的居室甚至还要低。低矮的空间常常会产生压抑感。下面讲解一下如何通过装修，使室内高度变高。

9.3.1 天花板巧处理

天花板可采用石膏饰物进行装饰，其造型与图案以精巧为好，可以用几组相同的图案来分割整个天花板，以消除整体图案过大而造成的压抑感。

天花板上可以喷淡蓝、淡绿、淡粉等颜色，在交错变换中给人一种蓝天、白云、彩霞、绿树的联想，显得视野开阔、房间敞亮。

天花板上的灯饰以吸顶灯最好，但最好不要安装在屋顶中央，而是用几个灯饰对装在天花板的边缘处，这样可以扩大厅堂空间。吸顶灯的光不要太亮，稍暗一点反而更有高度感。

9.3.2　地面处理要精

铺木地板，最好不要打龙骨，这样可以节约一些空间。可选用漂亮的瓷砖、大理石等铺装地面，也可以在没有图案的地面再铺一块精美的地毯，以此吸引人的注意力，从而忽略了空间的矮小。

另外，地面的颜色以接近房屋四壁的颜色为好，当然略深一些会更好。

9.3.3　不要做墙裙

墙裙会占去本来就狭小的空间，从而分割有限的高度。可以选择垂直花色线条图案的壁纸或壁布来装饰墙面。

墙面的贴饰图案以精细碎小为好，能给人一种远视的效果。

9.4　防范装修污染的技巧

据了解，近几年来，由于装修污染而引发各类疾病的案例屡见不鲜，虽然疾病的成因包含多方面因素，装修污染是诱发疾病的主要因素之一，不容忽视。例如，邓女士家里正在装修，当她兴致勃勃地跟同事们谈论自己的新家布置时，有同事提醒她注意装修污染问题，该同事的一个朋友因为装修污染流产了。这让邓女士感到不安，室内污染这种无形的杀手，会不会防不胜防呢？

如何减少装修污染的情况发生？专业人士提醒新业主，尽管选择最佳的季节装修，也要慎防室内装修污染。

9.4.1　春季是最佳的装修季节

俗话说"一年之计在于春"。 装修也不例外，春天是家庭装修的好时节。

首先，春天的温度和湿度都非常适中，在装修时使用的木制品及石膏制品，完工后不易变形、开裂。施工中涂刷的油漆和乳胶漆等挥发、干燥得比较快，涂刷的平整度也会好一些。

其次，春季的气候条件有利于将木质材料的含水率控制在 13% 以下。一般木材的含水率如果超过这个标准，其热胀冷缩的变化就十分明显，从而影响施工质量。

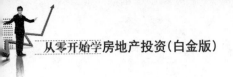

9.4.2　三大主要污染源

现在，很多装饰材料都含有甲醛、苯等有机物质，因此，少量的污染在装修中不可避免。据统计，造成室内环境污染的原因有很多种，其中由室内装饰材料和家具所造成的装修污染占很大比例。室内装饰用的油漆、胶合板、刨花板、内墙涂料等均含有甲醛、苯等有害物质。这些材料一旦进入居室，将会引发包括呼吸道、消化道、神经内科、视力、高血压等30多种疾病。这些污染主要存在以下三大家居用品中。

首先是家具。甲醛可以说是家具中最主要的污染物。各类家具所使用的材料、油漆、黏合剂均含有一定量的甲醛，长期作用于人体会产生很多不良反应，如对人眼和呼吸系统有强烈的刺激作用，是导致癌症、胎儿畸形等的潜在威胁。

其次是地板。由于甲醛具有极强的黏合性，还具有加强板材硬度及防虫、防腐的功能，很适合地板使用。消费者在购买木质地板时一定要注意这点，不要一味追求无甲醛，其实甲醛含量达标的产品对人身体的危害还是很小的。另外，现在还出现一些"零甲醛"产品，其实这是不太可能的。所以，最好在购买时询问清楚，所谓"零甲醛"的含义到底是完全不含甲醛还是甲醛含量在无害范围之内，不要被商家的宣传手法所蒙蔽。

最后是墙面装饰材料。油漆、稀料、各类防水材料等墙面装饰材料大都含有一定量的污染物质。从综合性能上来说，乳胶漆优于水性漆，其基本上由水、颜料、乳液等组成，这些原材料是不含什么毒性的，而它可能含毒的地方是成膜剂中的乙二醇和防霉剂中的有机汞。因此，质量过关的乳胶漆基本上是可以放心使用的。

9.4.3　倡导重装饰轻装修

为预防甲醛超标，业主装修过程中必须注意三点。

1. 切忌堆砌

同等大小的空间里，放一两件家具和放很多家具的环保系数一定有区别，就算每件家具甲醛含量都达标，加总在一起也变成了超标。所以，要懂得适当地留白。

2. 注意湿度与温度

家具上有害物质散发速度的快慢和温度、湿度都有很大的关系，如果调整得好，有害物质很快就会散去了。

3. 通风

通风问题不容忽视，无论是新风量还是换风都可以减缓室内的污染，如果没有做好通风，空气不流通，就算单项甲醛含量再少，时间长了也会因为无法正常排放而出现问题。

污染问题虽然存在，但业主也无须盲目恐慌。只要正确认识污染源，装修时以环保材料为主，减少堆砌；发现问题及时处理，便可有效控制装修污染，降低患病的风险。

另外，特别提醒，孕妇在怀孕期间最好不要接触装修有关的事务，也尽量不要到正在装修的房间中去，以免对胎儿造成不良影响；老人由于抵抗力较低，也不要过多地接触装修。装修过后，要注意通风，等大部分污染物释放得差不多了再入住。

9.5　物业管理的陷阱及防范技巧

物业公司是服务于小区业主和小区建筑设施的。可是，现在大多数物业公司是开发商指定的，很容易在服务质量和收费标准上与业主产生纠纷。一旦发生纠纷，那么业主是否有权罢免旧物业公司，而另选物业公司呢？下面举例说明。

某小区的物业管理公司是由开发商指定的。业主陆续入住后，成立了业主委员会。根据广大业主的反映，普遍对小区收取的物业费不满，认为价格偏高，而服务内容及费用开支不透明。业主委员会经过核查，对物业公司的物业费的测算产生了疑问。业主委员会发现，物业费中的水泵费，并非按照实际使用的 2 组 3 台变频水泵收费的，而是按照原规划中 35 组 70 台的高压水泵来收费；电梯的维护和运行费，也是按照规划中的 120 部来收费，而实际运行的只有 110 部。另外，有关文件规定按户收取的保安费、保洁费、垃圾清运费等均按平方米收费；室内中小型装修费，不论是否委托给物业公司，一律照收；并且，在这每平方米 6.56 元的物业费中，还包括了有关文件规定不得收取的共用天线管理费。

业主委员会与物业公司多次就降低物业费进行了协商，但物业公司态度蛮横，拒不协商，双方始终没有就此问题达成一致意见。

半年之后，新一届业主委员会选举成立，并备案成功。新一届业主委员会得到业主授权，向法院起诉物业公司的"不按实际收费"。在业主委员会的多项诉讼请求中，除要求将按平方米收取的保安费等改为按户收取，未经委托的室内小修费取消，停止收取共用天线管理费之外，还要求按照实际的水泵数、电梯数目收费。

经法院判决，电梯维护费由原来的 0.415 元降为 0.401 元，运行费由原来的 0.623 元降为 0.521 元；而水泵费由原来的 0.326 元降为 0.012 元。此外，法院还判该物业公司将 3 年的电梯广告位租赁收益返还给业主委员会，共计 20 万元。

物业公司拒不履行法院判决。小区通过召开业主大会，一致要求解除原指定的物业公司，选聘新的物业公司。

但原物业公司以服务合同期限未到为由，拒绝撤出小区。无奈，业主委员会只好再次走上法庭。

9.5.1　物业管理的常见陷阱

随着房地产开发规模和档次的提高，住宅小区中大多流行现代化物业管理。相当多的开发商，在业主入住之前，往往早就指定了物业管理公司，并利用业主对物业管理的概念模糊而"先入为主"，布下种种陷阱来坑业主。物业管理的常见陷阱如图9.4所示。

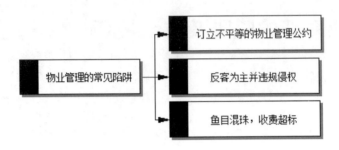

图 9.4　物业管理的常见陷阱

1)　订立不平等的物业管理公约

物业管理协议是由物业管理公司与第一个业主分别签订的法律文件，是约束双方行为的协议。所以协议的每一条款都应体现出平等互利的精神，不应该存在欺诈或不公平的条款。

但实际上，协议是由物业管理者一方单独制定。所以在协议中，经常出现不公平的、强加于人的或要求业主一方过多承担义务而减免自己责任的条件。这就引起许多业主的反感，使许多业主由原来搬迁新居时的喜悦变成被迫签订管理协议的恼怒。这使物业管理工作一开始就埋下了不安定因素，这是目前许多小区内普遍存在的问题。

2)　反客为主并违规侵权

物业公司本来是为业主服务的，但很多物业公司常常以领导自居，用强加的不合理要求来胁迫业主，违规侵权。而由于大多数业主处在不知情的弱势中，无奈之中常常陷入物业管理的陷阱。在物业管理逐步发展的今天，业主有权自己选择物业管理公司，这种权利的行使是通过业主委员会来实现的。一个完善、体现公平的物业管理协议，应该由物业管理公司和业主委员会共同协商制定。

3)　鱼目混珠，收费超标

物业管理公司除了要具备物业管理资质外，某些物业管理项目还要具备专业资质。

例如，锅炉供暖需要劳动局核准的司炉等级资质；电梯管理需要建设部和劳动局核准的电梯等级资质。而在实际生活中，一些开发商在签订协议时，管理项目标准不说清楚，而收费却是按高标准收费。再如，小区内的绿化、保安、保洁等，是要求专业公司服务，还是由物业管理公司自己承担，这些项目在物业管理协议中都要讲清楚，在质量和费用上都要注明白。

物业管理协议关系到每一个购房者的利益，所以购房者应仔细识别其中的陷阱，勇敢地维护自己的权利。一旦发现物业管理公司不能满足大多数业主的服务要求，完全可以更换选聘合格的物业管理公司，这是法律赋予业主的基本权利。

9.5.2　物业管理陷阱的防范技巧

虽然业主有权共同决定委托哪一家物业管理公司，但由于前期物业公司不是业主选择的，加上业主大会召开需要时间和人力成本，往往会拖延一段时间，无法自主更换物业公司，这就造成前物业公司损害业主利益的现象时有发生。

为了有效防范物业管理方面的陷阱，业主一定要注意以下两点。

1)　认真审查前期物业管理条款

尽管前期物业管理公司不是业主选择的，但业主仍然可以通过做好《购房合同》中的"前期物业条款"的约定来维护自己的权益。

前期物业条款要注意以下几点。

➢　物业服务费是按年、半年、季收取，还是按月收取。

➢　明确约定聘请从事前期物业服务的物业管理公司的资质等级。

➢　明确约定物业服务费收取的时间，是先服务后收费，还是先收费后服务。

➢　明确物业管理公司代收费项目，并明确物业公司不得收取本合同约定外的任何费用。

➢　明确购房者自用部分维修的费用是由谁支付。

➢　明确物业费、水、电、暖、气等名目下有无所谓的额外收费要求或代收费用。

2)　通过业主大会解决物业管理问题

只有在成立业主大会之后，业主们才可以通过业主大会来选择符合自己的物业管理公司，重新核定物业管理费用。

9.6　业主委员会的常见陷阱

业主委员会是代表全体业主利益的、由业主大会选举产生的、为业主居住小区服务的民间组织。但有不少小区，从来没有召开过业主大会，却不知怎么就出来一个业主委员会。面对这种情况，业主该怎么办呢？下面先来看一个例子。

某小区业主王女士和其他业主一样，对该小区的业主委员会有太多不满，因为该

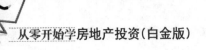

业主委员会是开发商指定的，常常是站在开发商一方为虎作伥侵犯业主利益。小区业主们几次要求撤销现在的"伪业主委员会"，都没有成功。

一气之下，600多名业主联合起来，将开发商告上了法庭，要求撤销开发商指定的业主委员会，并要求确认该业主委员会的违法行为。法院认为，该小区业主委员会的行政批复没有法律依据，判决予以撤销。王女士相当感慨，真是众人拾柴火焰高，一个人绝对是告不倒开发商的。业主委员会的成立，本应严格按照业主大会选举的程序来产生，即要拥有物业管理区域内三分之二以上的投票权数的业主书面同意才行。然而由于大多数业主对物业管理知识不了解，并且没有自我保护意识，参与民主管理的积极性不高，常被一些别有用心的人利用，在业主委员会的组织上大做文章。业主委员会的常见陷阱如图9.5所示。

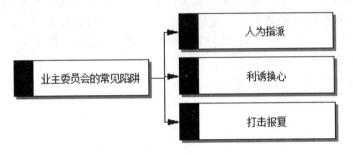

图 9.5　业主委员会的常见陷阱

1)　人为指派

一些小区建成入住后，开发商或物业管理公司，常常趁大多数业主不知情，临时拼凑出名为替业主着想，实为替自己说话的业主委员会，以减少冲突矛盾，压制业主们的合理要求，把业主委员会变成自己的工具。

2)　利诱换心

一些小区的业主委员会，虽然是经过业主大会选举产生的，成立初期也确实为业主们着想办事。随着时间的推移，别有企图的开发商或物业公司，为了维护自己见不得人的利益，会用尽各种手段，拉拢腐蚀业主委员会成员，常以赞助、报销费用，甚至变相开工资的利诱手段，来让业主委员会成员替自己说话，并明显地以损害业主的公共利益为代价。

3)　打击报复

对于认真履行职责的业主委员会，很多不法物业公司，常常以各种手段威胁其中的主要成员，甚至雇凶以暴力手段打击报复，整得业主委员会成员人人自危，甚至辞职不干。

面对业主委员会常见陷阱，业主一定要学会拿起法律的武器来维护自己的利益，从而选出让人放心满意的业主委员会。同时还要团结起来，运用集体的力量揭穿不法开发商的面目，依法惩治违法侵权行为。

第 10 章

在哪里投资房地产最赚钱

　　对任何人来讲，购买住房，都是人生中的一件大事。谁都希望自己的买的房子能不断升值。本章首先讲解如何利用城市变迁规律投资房地产，然后讲解买房地段最重要、有名人为邻的房子升值快，接着讲解好房子的标准，最后讲解什么样的城市的房产具有投资价值。

10.1　投资房地产要懂得利用城市变迁规律

从世界范围来看，城市变迁有四个阶段，分别是城市化、郊区化、逆城市化、泛城市化，如图 10.1 所示。

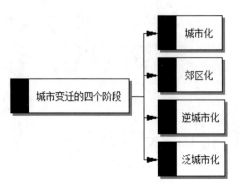

图 10.1　城市变迁的四个阶段

当前，我国处在城市化和郊区化这两个阶段之间。

> **提醒**　城市化，又称城镇化、都市化，是由农业为主的传统乡村社会向以工业和服务业为主的现代城市社会逐渐转变的历史过程。
>
> 郊区化是现代的一种普遍现象，即城市附近的郊区开始变成城市。
>
> 逆城市化是指城市化后期大城市的人口和就业岗位向大都市的小城镇、非大都市区或远方较小的都市区迁移的一种分散化过程。
>
> 泛城市化是指农业现代化、农村城市化、农民市民化。

下面以上海为例讲解一下如何利用城市变迁规律投资房地产。

1992 年开始开发浦东，上海本地的开发商都不看好。上海人觉得那里是乡下，当时有句口号叫"宁要浦西一张床，不要浦东一间房"。为了吸引人们到浦东，上海甚至动用了"赎买"的政策，就是到江浙，用户口为诱饵，吸引那些希望成为上海人的江浙人到浦东来买房。

甚至到 2001 年的时候，还用十几万元一亩的低价吸引温州以及江浙的一些并不高端的企业到今天世博会会场所在的那一带。那时候除了陆家嘴是金融区，外高桥和张江都是工业园，在 TOWN 这个地方是工业区，最早是衣服、帽子、鞋子的地方，十年之后寸土寸金的新城区当初是工业区，是工业用地。

到 2002 年、2003 年的时候，房价开始出现井喷式增长，浦东的房子卖到每平方米两三万元，最近星河湾上海项目准备卖到每平米五万元。三年前，汤臣推出每平米十万元的房子被全中国讨伐。今天当星河湾推出每平方米五万元的时候，市场很平静地接受了。

为什么？因为城市的发展到那个程度了。原来城市发展没到那个程度，高价只是一种噱头，最后自己也走不下去。但是当上海越发展越呈现出"世界城市"的气象，当它真正能够辐射长三角的范围的时候，这个地方的价值真正起来了，所以地产的机会也真正到来。

正是因为旧城的不断扩大，过去那种"宁要老城一张床，不要新城一间房"的观念，如今在人们心中发生了彻底改变。城市不断变大，从而带给人们新的生活方式和价值观，市区居住环境的恶化和追求高品质的生活环境的愿望，使越来越多的城市人有了"到新城去住"的心态。

10.2　买房地段最重要

下面来看一个例子。

在青岛工作了几年的李先生，一直想搞点投资。听别人说炒房子来钱快，于是便开始关注各大网站的售楼信息，有空时也会去售楼处和中介公司去看看。经过一段时间的考察，李先生相中了两套房子。一套位于市区繁华地段；另一套则位于郊区。

市区这套房子，地段相当不错。楼房正对着商场和购物中心，一拐弯就是公交车站。但这套房子户型不太理想，并且整体样式有点老，给人提不起精神的感觉。并且小区的楼间距太近，即使是中午，阳光也照不进来。郊区那套房子是新房，现代化的格局，空间又大，给人的感觉相当好。但是那个地方位置较偏僻，公交车很少，并且最近的公交车站也距离小区有 20 分钟的步行路程。小区周围比较荒凉。李先生看了房后，又喜欢又担忧。他不知道这样的房子买到手后，还要等多少年才能升值。

到底选择哪一套房子投资好呢？仁者见仁，智者见智。有人认为投资地段好的差房子比较赚钱，有人认为投资地段差的好房子会比较赚钱。不管怎样，纵然是不同的城市，不同的区域，买未来会升值的房子，才是投资房产的真理。

10.2.1　只要地段好，烂房也是宝

在房地产投资中有句流行的话："只要地段好，烂房也是宝。"可见，投资房子，地段非常重要。对于大部分购房者来说，地段是他们决定买不买的决定性因素。

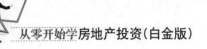

对于总价一样的房子而言，在好地段买差房子，或到次级地段买好房子，就是两个完全不同的思路。

好地段的房子，一般会有市场的支撑。市场把好地段的房子价格推到了一个靠前的地位，虽然房子本身不理想，但毕竟房子的"身份和地位"摆在那里。地段差的好房子，则需要的是时间，只能期待它未来的发展，增值机会全靠"时间"。

好地段的房子，虽然烂点，但土地在不断增值，房子的价值就会不断增加。当土地价格上涨之后，房子的价格自然也会跟着上涨，这就是好地段的烂房子也能呼呼地上涨的原因。

10.2.2 投资好地段房子的原则

投资好地段房子，有三大原则，如图 10.2 所示。

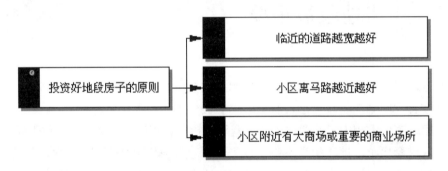

图 10.2　投资好地段房子的原则

1)　临近的道路越宽越好

道路越宽，街区的发展就越快。发展得越快，土地的升值空间就越大。土地升值了，房子的价格自然也就上涨了。

2)　小区离马路越近越好

每个人都想一出门就是宽敞的马路，走几步就到公交车站。如果下了楼，还要走很远的路才能坐上公交，这样的房子，就算不上好地段的房子。

3)　小区附近有大商场或重要的商业场所

靠近商业区的住宅房，一般会一路上涨。当好地段和好房子不可兼得时，等不起时间的投资者完全可以投资好地段的差房子。当然房子再差也要有个底线，再差也不能差到天花板漏水、墙壁开裂、地板渗水的地步。这样的差房子实在没有办法要了。

10.2.3　地段差的好房子，地价上涨是重点

地段差的好房子，要想升值，只有花时间慢慢等。过几年后，小区周边的各项设施都发展起来了，房子的价格自然也跟着升起来了。但要注意房子折旧问题。

如果一幢房子是 100 万元买到手的，以 70 年的产权期来看，每过一年房子就会折旧五千多元，再加上装修、设施等各方面的折旧因素，每在自己手中压一年，就会损失约一万元。

虽然地段差的好房子各方面都比较好，但是房子跟新车一样，只要汽车轮子一落地，价格就会打折。如果投资者买到的房子地段的土地价格不能一路上涨，那么在这些地段的房子想保值就比较难了。

10.3　名人为邻，房价升值无限

名人是活招牌、活广告。名人的一举一动都会受到人们的关注，名人住在哪个小区，这个小区就会成为人们关注的焦点。

在青岛工作多年的张先生到某郊区楼盘看房子，本来是没有看好的，但忽然听到销售人员说，某某名人也在这个小区买了房子，并且很快就会入住。张先生一听，很高兴，如果能与明星做邻居感觉就是不一般。而且，买了这样的房子，以后说出去自己也体面。

张先生要买的这个小区的房价一直在涨，虽然不能说全部是由于名人入住的原因，但是明星为房产带来的良好商机，是不可忽视的。

10.3.1　房子吸引了名人

不管是北京、上海还是青岛，总有一些楼盘比较受名人青睐。他们要么成群结队地居住在小区里，要么三三两两地分散于某某小区。

先不说房价高低，名人更看重的是房子的品质、地段、环境、设施以及各项管理。说白了，就是过硬的房子品质吸引了名人的入住。所以说，好房子总是能吸引名人的。另外，名人选择房子，一般会注意房子的隐私性。名人一般都比较有钱，总是受到人们的关注，如果他们每天晚上回家，发现家门口有一堆记者或追星族，那就惨了。

对于投资者来说，把资金投资在名人聚集的房地产上，升值的空间会比较大。因

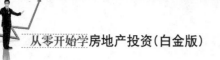
为从以往的楼盘销售情况来看，有名人居住的房子一般都是有钱人才买的。各大一线城市的有钱人太多了，但是名人不多。有钱人有足够的资本却跟名人做邻居，到时你即使把价格抬高两倍，那些追星的有钱人也会买下来的。

10.3.2 如何看待名人代言房产广告

近年来，请名人为楼盘做广告，成为楼盘销售的一种流行方式。很多开发商甚至把这种营销方式发扬光大，请来更多更火的名人为自己的楼盘造势，以期卖出更高的价格。名人能吸引眼球，只要名人一说话，先不管有没有效果，肯定会有很多人向这边看过来。从内地的大腕们到港台的小明星，再到国际名人，都曾经为房地产的营销事业出过力。

火爆归火爆，但是明星代言的房地产太多了，投资者也开始不再盲目跟随了。那些缺乏专业性的简单炒作在人们心目中不再具有权威性，明星代言已经不再能激起投资者的激情。房子的外包装再多，它的基本功能不能丢，毕竟是一种家的承载。

不管是投资房子赚钱，还是自住买房，都不要被名人代言而迷乱了自己的眼睛。名人与房子没有关系，就算是神仙代言，如果质量差的房子出了问题，神仙也不会出来帮你解决问题。一定要记住，质量才是房子热销的决定性因素。

10.4 好房子的标准

下面来看一个例子。

王先生在北京郊区某小区买了一套房子，他看中的是小区附近有一所学校和一家菜市场。考虑到以后自己的孩子可以在附近上学，于是王先生就爽快地把房子买了下来。

当时，那个地段还未完全开发，交通极为不便，由于离市区太远，王先生还后悔了一段时间。但是没过两年，地铁修到了该小区，并且小区附近的学校因为教学质量高，成了同类学校里的重点学校。地铁一开通，王先生手上的房子一下子就涨了一倍多。看着有钱赚，王先生顺手就把房子卖了出去，又买了一套稍微远一点的房子，然后用赚到的钱炒其他的房子。

地铁的修通、学校变成了重点学校，这两个因素让王先生手中的房子一下子涨了一倍多。由此可见地段、地铁、地标，即"三地"，跟楼盘有直接联系。好房子的标准就是"三地"和"三管"，如图10.3所示。

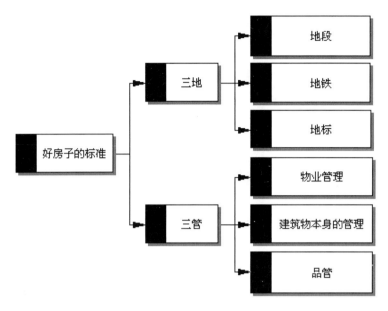

图 10.3　好房子的标准

10.4.1　"三地"

"三地"是指地段、地铁和地标，通常与"三地"条件相符的楼盘，具有较高的升值潜力。

1)　地段

高价房不一定在好地段，但好地段的房子一定不会便宜。投资者在买房之前，一定要看房子是不是在一个整体优秀的区域内，即区域内要有生活和商业配套。例如，小区附近有学校，这样可以让孩子就近上学；小区附近有商场、银行、邮局等。

2)　地铁

各大城市地铁沿线的房子升值快。人们为了上下班出行方便，都会愿意居住在离地铁沿线不远的地方。

3)　地标

地标一般是指目标显著、位置突出、容易记忆的房产。有一些不可代替的"钻石"地段，这些地段的房子绝对是好房子。

例如，上海的世纪公园、延中绿地、苏州河畔、新天地等地段的房子，绝对是只会涨不会跌的，好的地标决定了房子升值的快慢。

10.4.2 "三管"

房子的好坏，除了看房产的外部条件以外，还要看房屋的内部状况。楼盘的内部状况对房子的价格有直接影响，也是房子是否保值的主要因素。所谓"三管"是指物管、建管、品管。

1) 物管

物管就是物业管理。物业管理包括小区的环境卫生的管理、绿化管理、小区车辆道路管理，还包括公众代办性质的服务以及日常生活类、商业服务类、文化教育类等针对性强的专项服务和各项服务。

人们买房子都是用来住的，人人都愿意住在一个干净、文明、安全的小区里，如果小区脏、乱、差，安全又得不到保障，那么房子的价格肯定上涨空间不大。

2) 建管

建管是指建筑物本身的管理，包括绿化率、渗漏水、开裂、水电等一些业主经常遇到的生活中细小的问题。住宅小区需要有人进行日常管理，如果只是在开盘时，小区内种了很多花草，以后便再也没有人管理，那么这样的小区就会慢慢失去价值，变成一个品质极差的小区。因此，没有高质量的管理，就很难有较高的房屋价格。

3) 品管

品管指的是小区居住的人的素质。很多投资者可能会有疑问，人的素质也能影响到房子的价格吗？当然能，如果小区里的人都满口脏话，楼下整天都有人骂大街，三天两头就有夫妻在小区内打架；晚上，很多住户穿着睡衣就出来逛街，或牵着小狗出来随地大小便。这样低素质的居住人群，又怎么能有高素质的楼盘呢？

好房子的标准就是"三地"和"三管"，这样的房子会有很大的升值空间，保值也就是自然而然的事了。

10.5 什么样的城市房地产具有投资价值

从整个市场状况来看，具有投资价值的城市通常表现为四种，如图 10.4 所示。

1) 经济发展比较活跃，并且经济实力雄厚的城市

全国各大一线城市，如北京、上海、天津等，基本上符合经济发展活跃而且经济实力雄厚的条件。经济的发展程度决定了这个城市各个方面的发展情况，而且发展得快，年轻人来该城市工作或定居的数量就会增加，房子的需求量就会上升，最终导致房价上涨。

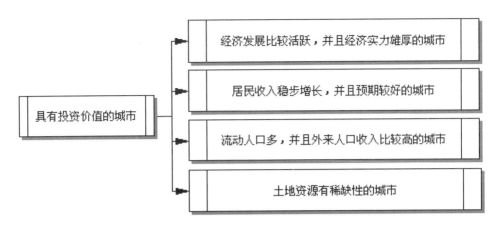

图 10.4　具有投资价值的城市

2)　居民收入稳步增长，并且预期较好的城市

居民收入增长了，买房的欲望就会膨胀。在这样的城市投资，不但房价上升得快，而且房子出手的速度也会很快。

3)　流动人口多，并且外来人口收入比较高的城市

不管是哪个城市，本地市民购房所占的比例一般都不会大，真正的消费群是那些外来的流动人口，到了一定年龄如果工作稳定的话，他们就会想在目前工作的城市结婚定居下来，所以买房的欲望当然比当地居民更迫切，并且这些外来人口的高收入使得他们可以轻松地搞定一套房子。

在这样的城市投资房地产，也是绝对不会错的，除非所有的流动人口一致决定不买房，结了婚都回老家。当然，那样的情况是不可能发生的。

4)　土地资源稀缺的城市

对于那些有大片土地的城市，投资房地产就会存在相当大的风险。但是对于土地资源较少的城市，市场处于供不应求的状态中，人口越来越多，而土地却只有那么多。这种城市的房子，就算政府想插手让房价大幅度地回调也是很困难的。所以，在这样的城市投资，还是比较有保障的。

当然，寻找具有投资价值的城市，不单单是从以上几个方面来判断，还要从能不能实现效益最大化和成本最小化的目标出发。要对该城市的品牌、招商引资环境，以及城市可持续发展的能力做一个全方位的考察，这样才能够找到最具有投资价值的城市，从而让自己的投资能有较高的回报率。

第11章

何时才是房地产投资的好时机

买房，时机最重要，即使是同一套房子，在不同的时机，价格相差可能超过几万元，甚至几十万元。然而由于房地产信息不够透明、不够公开，再加上房子本身的异质性极高，导致很多人根本不知如何判断买房的时机。本章首先讲解楼市淡季和开盘都是不错的买盘时机，然后讲解如何利用房价转价点来买房和利用指标判断是否是买房好时机，接着讲解楼市抄底的技巧，最后讲解尾房淘金的技巧。

359,464	0.3%
8,652,724	7.7%
59,087	0.1%
13,963,095	12.4%
5,266,055	4.7%
10,323,178	9.2%
5,283,470	4.7%
4,330,582	3.8%

11.1 楼市淡季购房是不错的时机

据有关资料统计，每年 11 月到次年的 3 月，楼市处于销售淡季，各家楼盘的销售状况相对旺季都有一定滑坡。业内专家认为，其实淡季买房有一定的讲究和好处，特别是一些优惠项目的推出，购房者通常会获得意想不到的惊喜。楼市淡季购房的优势如图 11.1 所示。

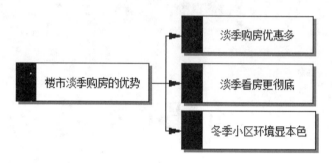

图 11.1 楼市淡季购房的优势

11.1.1 淡季购房优惠多

一般来说，在冬季，开发商会面临建筑公司催款、银行还款、年末销售业绩等压力，这就会让他们在短期内调整楼盘价格，这期间买房一般都会获得价格上的优惠，比其他季节平均低 5%。

对于二手房市场，冬季和初春因为需求萎缩，房价不仅不会上涨，甚至会有一定程度的下降。另外，各中介公司在这个时期的竞争会非常激烈，为扩大市场份额并为旺季做准备，他们往往会推出相当多的优惠措施。

11.1.2 淡季看房更彻底

淡季看房更彻底，这是因为在这个季节房子基本已经封顶，大部分是现房。这样购房者可以看到房子的真正面貌，可以对住宅阳光、通风、保温、采暖以及工程质量等问题做最直观的考察。楼面是否有裂缝、墙壁是否起皮、棚顶是否漏雨等，都清清楚楚，而不像在样板间里，只能看到华丽的表面，此时购房者可以货比三家，按质论价。

另外，冬季验房通常有很多技巧，如看采光，最简单的方法就是找一个晴朗的早晨，看看太阳几点能照进房间。如果是一大清早就阳光明媚，那就不用担心了，因为冬天能进光，别的季节就更不用说了。

11.1.3 冬季小区环境显本色

在夏秋季节，植物枝繁叶茂，很多环境上的瑕疵可以通过绿草等景观掩盖起来。而到了冬季，购房者可以更加清楚地发现环境的优劣、物业管理的漏洞等。

因此，冬季是对房市热炒氛围的一个转冷阶段，无论开发商怎么对小区进行宣传，这时都会显出其本来面目。

11.2 利用房价转折点来买房

投资高手为什么会在风云变幻的楼市中赚到钱，原因在于他们懂得如何判断房价转折点。其实，对房价转折点的准确判断，是一个职业炒房人应该具备的基本素质和能力。房价转折点就相当于风向，投资者必须弄清楚大风何时转向，转向哪个方向，才能够很好地把握房地产市场，从而在恰当的时机投资。

到底什么是房价转折点的评判标准呢？专家认为是交易量活跃程度和土地招标价格的增幅。

11.2.1 交易量活跃程度

相当多的投资者在投资房产时，从不关注交易量，并且认为交易量并不重要。实际交易量的活跃程度重要吗？是相当重要的。想一下，如果某个城市没有交易量，即没有大量买卖成交，那么表示没有人看好未来市场，表示房地产市场处于低谷中。

有经验的投资者，在异地置业时，首先关注的是近期该市楼盘的交易量，如果交易量活跃度高，就表明房子的价格处在一个消费者能够接受的水平，还不算高。如果成交量很低，楼市一片沉寂，就反映当时房价过高，消费者不愿买房。

楼市交易量不活跃，这表示房子没有人买，想一想，着急的是谁，当然是开发商了。开发商楼盘建成后，想按计划卖出房子，如果房子卖不出去，开发商就面临着资金周转不灵等风险。房子卖不出去，开发商投资的本钱就无法回笼。对于那些实力雄厚的开发商来说，可能扛一下，咬下牙，还能挺过来。对于那些实力一般或较弱的中小开发商，很可能会通过降价或打折的方式促进销售。房价一旦下降，投资者的机会就来了。

根据交易量判断好房屋价格的趋势后，就可以做决策了。如果房价有转高的趋

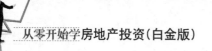
势，投资者就可以大胆买进，等房价上涨后再卖出；如果房价有转低的趋势，就等房子降价后再买进。

11.2.2　土地招标价格的增幅

如果土地招标价格的增幅不断增长，这预示着什么，作为一个成熟的投资者，都会了然于心的。

开发商开发楼盘，一定需要有土地，有了土地才能盖楼。因此，在房地产的价格中，土地价格一般会占到房价的 40%～50%，在各项费用相对稳定的情况下，房地产的升值潜力还得要看土地价格的升值潜力。也就是说，如果那块土地没有升值潜力，那么就算盖成楼房，也同样没有升值潜力。

以 2009 年为例，青岛推出公开招标的土地有 100 多块，8 月份推出的公开招标土地全部为住宅用地。在后面的两个月中，推出的住宅用地也占相当大的比例。经过几次拍卖，土地的价格一路走高。开发商拍到高额的土地，自然也就会给楼盘以较高的预期价格。买土地是成本，成本越高，开发商自然会把房价定得越高。

因此，在投资者的判断标准中，土地价格增幅越大，日后该房价也会越高，而土地价格回调，那么房价也会随之回调。

只要认真观察房地产市场，就能够把握市场跳动的脉搏，抓住市场趋势的节奏，就能在变幻莫测的市场中占尽先机，成为大赢家。

11.3　开盘买房是良机

楼市开盘，是指楼盘建设中取得了"销售许可证"，可以合法对外宣传并进行预售了，是一个为正式将楼盘推向市场所举行的一个盛大的活动，就向酒店开张的剪彩一样。

11.3.1　开盘买房的优势

开盘买房的优势共有五点，如图 11.2 所示。

1）　价格优势

楼盘在开盘之初卖出去，是开发商募集资金的一个渠道，资金对开发商来说是很有吸引力的。为了更多地吸引资金，刚开盘时，在价格上都会有不小的优惠，相对买现房而讲，可以优惠 10%左右。

2）　选房优势

买房对每一个家庭或投资者来说，都是大事。住房楼层、朝向是否合适，将影响房子的采光、通风，而这些将直接影响生活质量。如果买新开盘的房子，则可以在买主很少的时候加入，选到位置较好的房子。

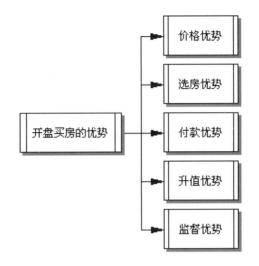

图 11.2　开盘买房的优势

3)　付款优势

刚开盘的房子付款轻松，是随着施工进度而付款的。一般分三次付款，具体如下。

第一次付款时间为开工时，付定金和首期房款，定金为 1 万元左右，首期房款为总房款的 10%左右。

第二次付款时间是工程进行到一半时，约为总房款的 60%。

第三次付款时间是房屋已经完工或即将投放使用时，购房者付完剩余款项后，同时开发商将房屋交给购房者使用。

4)　升值优势

刚开盘的房子如果买得合理、恰当，其升值潜力比现房要大。在一些尚未形成规模的区域，开盘时的售价较低，随着开发住宅的增多并形成一定规模，以及各种相关配套完善后，房价自然会上涨，购房者就能获得房价升值的快乐。

5)　监督优势

从付定金的那一刻起，购房者就可以随时去看楼盘的工程进度，像墙体、地板、隐蔽电路等建成后，是不易看出问题来的。

11.3.2　开盘买房的缺点

刚开盘的房子，由于大多是期房，存在一些不确定性，会增加投资的风险，具体如下。

(1) 根据图纸买房子，是看不到实际房子的，看到的仅仅是房屋的户型图、楼盘的效果图。

(2) 有关面积、户型、装修标准难以判断，虽然开发商描绘得很美丽，但是具体是怎么样，还要看最后的楼盘。

(3) 开发商的情况不易把握，如果在楼盘建设过程中，因开发商实力不足，缺乏必要的资金而使工程暂停，购房者就会蒙受巨大的损失。

(4) 市场行情与价格涨跌很难预测。

11.4 利用指标判断买房是否是好时机

对于房价走势，各种判断预测似乎让我们雾里看花。可不论价格走高走低，总有有需求的消费者要买房。何时出手才是最佳时机呢？其实，我们可以利用八项指标判断买房最佳时机。八项指标如图 11.3 所示。

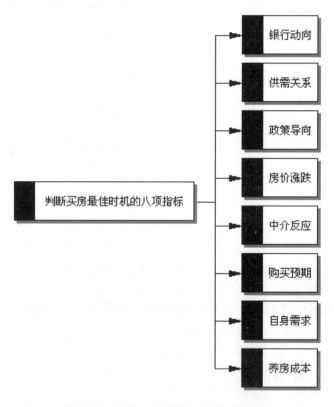

图 11.3　判断买房最佳时机的八项指标

11.4.1　银行动向

普通买房人看市场的方法很简单，那就是看银行对房屋贷款的态度。银行手松，说明市场看好，投资客涌入，房价一般呈上涨趋势；银行手紧，说明市场风险较大，有政策调控，投资客抽身，卖家着急、买家观望，房价一般呈下跌趋势。

如果是买房自住，在下跌的时候会淘到"物美价廉"的房子。从某种程度上说，银行对贷款的态度比专家的话更真实、准确，可信度更高。

11.4.2　供需关系

市场上有一种说法认为"有关部门发布的平均价格下跌，也可能是因为市场上出售的某类房子增多，并不一定是房屋价格整体都下降。"持这种观点的人只说对了问题的表面，却忽略了平均价格反映的真正内涵。某类房子增多代表着市场的需求和供给情况，如果供给增多真实需求也增多，则此类房屋的价格保持持平或者小幅上扬，此时是买不到便宜房子的；如果供给增多，真实需求保持不变，则此类房屋的价格立马下跌，此时才是购买房屋的最佳时机。

11.4.3　政策导向

政府的宏观调控会直接影响房价的走势，某类房子增多反映政府的政策导向。一般来说，政策导向型的房屋后期随着供给的增多会出现价格下调的情况，比如中小户型，这就是购买的最佳时机。

11.4.4　房价涨跌

买涨不买跌是很多投资者的投资理念，虽然利润达不到最大化，但可以降低投资风险，而一般的买房自住者，房价的涨与跌其实都只是一个数字而已，而最关键的是同样的房子买的时候付了多少钱。在下跌时买入的价格肯定低于上涨时买入的价格。

11.4.5　中介反应

一般在销售淡季时，房产中介会通过打电话的方式来寻找潜在买家，所以房产中介的骚扰电话少，证明市场行情好，市场上并不缺客户，这时不是买房的时候；如果房产中介的骚扰电话多，证明市场行情不好，市场上买房的客户少，跟房东讨价还价

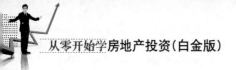

的机会就多,这时是买房的最佳时机。

11.4.6　购买预期

哪里有一条方便的路要建,哪里会与地铁站相邻,哪里要规划成全新的居住区,这些都是会影响居住环境的,如果等规划政策落实了再买,此时房子所包含的附加值价格就很贵了,所以最好是在政策还未明朗之前买,但是消息的来源一定要准确。

11.4.7　自身需求

现在都说房价高,买不起房子。那么,房价降了就一定能买得起房子?未必。如今有一些人买不起房子完全是自己的心态造成的。比如说,他手上的钱本可以买个60～70平方米的房子,却非要买120平方米的房子。可以买在城郊,却非要买在市中心黄金地段。房子大,地段佳,固然好,但在条件不具备的时候,必须面对现实。

景观越好,位置越佳,越是完美的房子,付出的代价也越高。建议普通买房者首先考虑方便、实用,不必一步到位。理想的房子,其实是个相对的概念,今天理想未必明天就理想。方便实用才是最实在的。

所以,满足自己的需求就是最好的房子,买房前定好自己的目标,多比多看,入住后则不比较、不计较,心理上的平衡比任何物质上的享受都重要。

11.4.8　养房成本

买了房子不等于可以免费享用社区所有设施和服务。会所、地下车库这些东西用的时候都要花钱;大堂越豪华、公共设施越多,所付出的费用也越多;一个楼门里的户数越少,要分摊的电梯费用就越多。养房的费用,买房时不能不考虑。

11.5　楼市抄底的技巧

楼市抄底就是在楼市价格低迷,但即将有利好可以转升的时候,果断购入,然后等待升值。

11.5.1　抄底的条件

抄底原是股票用语,是指以某种估值指标衡量股价跌到最低点,尤其是在短时间内大幅下跌时买入，预期股价将会很快反弹的操作策略。

能在股价最低点买入是所有投资者最大的奋斗目标，这意味着他们的投入未来将有巨大的回报。但是，究竟什么样的价格就是"最便宜"，或称"触底"，并没有明确的标准，也很难预判未来什么样的点位就是"底部"。

近几年中国楼市的波动和走势，与股市的某些表现非常相似。既然楼市也成为资本市场的投资工具，那么如股票市场一样，楼市一定也存在高低起伏，抄底时机的到来只是时间问题，如何判断形势适时进场是所有置业者都需要谨慎思考的。

楼市抄底需要具备什么条件？专家认为，政策走向、成交量、成交价格是房市的三大信号，将凸现"楼市底线"。

中国楼市历来被称为政策市，历史经验告诉我们，每一次大的宏观政策出台，都会对市场走势产生一定影响；其次如果成交套数持续低于平均水平，那么这也许就是市场开始转向的信号了；紧接而来的就是成交低迷带来价格的松动，一旦价格下降趋势形成，这也就意味着楼市的抄底时机到了。

11.5.2　什么样的投资者适合抄底

抄底要小心，因为没有谁知道楼市到底什么时候到底。要不要抄底，还在于投资者个人的轻重缓急。到底什么样的投资者适合抄底呢？主要有三类，如图 11.4 所示。

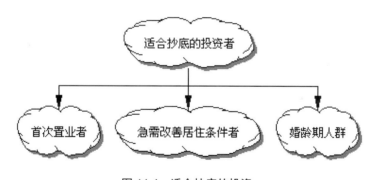

图 11.4　适合抄底的投资

1)　首次置业者

第一次加入买房者大军，或者已经在市场中摸索多年，只是尚未出手，但对楼盘的价格有自己的准确判断。另外，这部分人群是房产新政的受惠人群，可以享受信贷方面的优惠政策，可以很好地降低门槛和利息支出。契税方面的优惠，也可以省去一笔不小的支出。所以说，首次置业者是抄底大军中的主力。

2)　急需改善居住条件者

改善住居条件，要分清轻重缓急。家里添了人口，如老人随儿女住，可爱的宝宝来了，这时总想把房子变得大一点，在一室一厅的房子想实现三代同堂，不太现实。

如果你是这样一个迫切需要为住房扩容的投资者，那么，选准时机，抄底了。改善性的购房行为，也有可能获得银行的贷款优惠。

3) 婚龄期人群

要结婚了，就必须考虑住房问题。有房才能成家，这是常理。结婚是拖不得的，房子自然也是刻不容缓，而租房结婚是一种被社会风俗所不认可的一种"凑合"行为。

11.5.3　楼市抄底的原则

楼市抄底有四项原则，如图 11.5 所示。

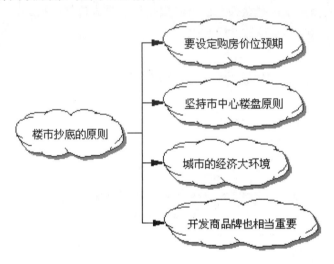

图 11.5　楼市抄底的原则

1) 要设定购房价位预期

从市场规律来看，如今的市场低迷实际上是前段时间楼价爆涨的结果，同样，房屋优惠销售也不可能永远持续。

因此确定买房的心理价位很重要，这一点和在股市一样，既要有坚持不到目标低位不动心的定力，还要有房屋优惠折扣接近预期时该出手时就出手的果断，这样才能真正达到目的。

2) 坚持市中心楼盘原则

地段优势是房屋的主要保值条件，选房遵循地段原则是非常保险的经验。市中心标志性地段，以及配套成熟且稀有的好地段是市场低迷时最需要关注的选房目标。因为市区大盘以其成熟的配套、便利的交通能让买家明白：房子是为生活服务的！

3) 城市的经济大环境

从青岛楼市发展来看，每年的经济增长速度为房价的平稳发展铺垫了良好的经济环境。同时，每年有大批的大学毕业生，他们的居住需求也让商品住房均价普遍大幅下调的可能性不大。

4) 开发商品牌也相当重要

在楼市缓行市场中，房子的质量、物业的管理水平等软件因素将成为购房者选择的最直接因素。而在某种程度上，选择了品牌开发商，就是获得了保值的承诺。因为，品牌的形成是有过程的，是经过市场检验的，因此购房时应尽量选择品牌开发商。

11.6　尾房淘金的技巧

尾房，又称尾楼，不能等同于烂尾房和一般空置房，是指项目销售八九成以后剩余或长时间没有销售出去的房屋。

专家认为，当商品住宅的销售量达到 80%以后，开发商已经获利，因此一般就进入项目的清盘销售阶段，此时所销售的房产，一般称为尾房。

11.6.1　尾房的形态

尾房本身有两种形态，一种是整个项目里面比较好的房子，开发商将其留在最后"压场"；另一种是有"问题"的房子，但并非一无是处，这类房子只要经多方权衡和比较，还是有其独特魅力的。

尾房给人的直观感觉就是被人挑剩下的，朝向不好的、楼层不好的、具有先天缺陷的房子，只能当作旧房子在二手房市场流通。这种观点是很片面的，一个项目开盘后，一般并不是把所有房子全盘托出，由买房者任意挑选，而是将一部分朝向好、楼层好、户型好的优质户型留下来，作为销售后期的压场，或是开发商留着自用，这便是楼盘销售过程中所谓的"销售控制"。有些项目在销售策划中，因为没有能够很好地了解市场，定价偏高、销售策略不当，导致部分楼盘滞压，开发商也不需要留用，这些好房子自然成了尾房。

尾房的组成中，还有一部分是由初期买房的消费者由于个人问题而退回来的房子，或是单位集体购房后由于各种问题剩余的房子，因此其各方面不一定会差。另外，有一些开发商出于资金周转等原因将部分房屋抵债，或是抵账，因此这部分房屋没有进入正常的销售环节，久而久之，变成尾房；这部分房屋绝大多数是各方面条件都不错的现房，而且拥有相当大的价格优势。当然，尾房中不少户型有"先天缺陷"，但并不是有质量问题的"烂尾房"。

11.6.2　尾房的优势

尾房的优势主要表现在三个方面，如图 11.6 所示。

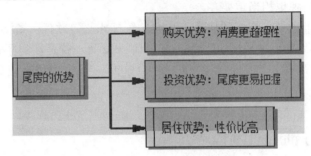

图 11.6　尾房的优势

1)　购买优势：消费更趋理性

房尾房，无论是"问题"尾房还是精品尾房，专家认为还是有一定的购买优势的，这种优势主要是跟开盘时相比。

首先，购买尾房时，买家可以在价格、付款方式上与开发商反复谈判，这就会产生一定的优惠价格，最终选择一种比较理想的价位和付款方式。

其次，一般项目在开盘时都能造成令人产生购买冲动的销售氛围，不少买家就是在这种被炒热的情况下一时冲动买房的，而尾房则不同，购房者在项目接近尾声时会变得更客观、冷静，这样更有利于正确的决策。

最后，在尾房时期去挑房，会对项目的前期承诺、质量，特别是将来邻居的构成有更准确的认识，能看到的东西更真实，买房也买得更踏实，从而降低购买风险。

2)　投资优势：尾房更易把握

对于自住而言，期房和现房的区别在于何时乔迁新居；但对投资来说，却意味着截然不同的风险。商品房投资最常见的两种方式是出租和转售。开盘期买房，如果要出租则必须等入住后，要转售也不易，所以不能立刻取得收益，而尾盘期则不同，支出和收益几乎是同步的，从这一点来说，尾盘期的收益明显要好于开盘期，起码可以立刻以租售的收益来缓解购房的压力。

另外，开盘期由于项目有太多的未知，对将来的收益状况难以做出较为准确的预测，也就是说，投资收益的风险比较高；而尾盘期的楼盘，因为各方面状况几乎都可以看得很清楚，对收益的预测和评估就容易得多，不会给投资者造成太多风险。

有人曾经针对投资价值作过计算，得出的结果是，开盘期买房投资最划算，而尾盘销售期是仅次于开盘期的最佳时机，比起结构封顶期、竣工入住期，是一个更为划算保险的投资时期。

3)　居住优势：性价比高

对于尾房，一位开发商说："因为长期占用大量土地、资金等资源，降价是开发商处理尾房的一个最常见的方法，也是开发商用得最多的一种方式。尤其是一些发展商急于变现尾盘，降价可以说是唯一的方式。"因此在购房者最关心的价格因素上，尾房具有自己的"价值"优势。

同一幢楼宇的成本中，地价、配套设施、公共部分、装修、设备标准对每个买家来说是一样的，而所不同的只是体现在朝向、景观、楼层上，现在买房并不意味着要住一辈子，很有可能将来再换或租给别人。

若购买者是年轻人，白天几乎不在家，对朝向、楼层、景观的要求相对低，而在售价上又有比较大的优势，购买此类尾房其"性价比"相对来说就高。

再者，现房的优势在此也很明显，房间本身的质量问题已经过时间的检验，问题基本暴露出来，购房者可以心明眼亮，精挑细选，也可以让开发商进行返修，保证其内在质量，买房也买得更踏实。

11.6.3　尾房投资的注意事项

购买尾房与购买新房是两种完全不同的心理状态，买新房时，开发商会将整个楼盘最好的状态呈现给购房者，从售楼小姐到售楼处，无不给购房者心旷神怡的感觉，而看尾房时则通常会看到项目的真实状况，甚至看到项目的缺陷所在，这往往会给购房者带来心理上的不舒服感。因此选购尾房应注意五个方面，分别是房屋权属问题、房屋基本状况、物业咨询小区情况、房子所在区域的整体价值、正规房地产经纪公司，如图 11.7 所示。

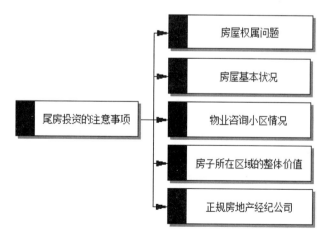

图 11.7　尾房投资的注意事项

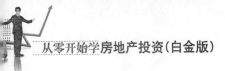

1) 房屋权属问题

一些尾房已经被长时间搁置，因此购房者在购买之前要了解该房屋的产权是否有变更。

2) 房屋基本状况

咨询一些已经入住的业主，了解小区的实际状况，包括小区的人员构成是否符合自己的预期、配套是否齐全、户型采光是否合理、房子质量能否保证等。

3) 物业咨询小区情况

通过物业了解小区的物业现状以及有关资费、管理等社区信息。

4) 房子所在区域的整体价值

购房者可以询问所在楼盘周边正在拆迁或者修建地段的土地地价是多少，这是预测该区域土地价值动向的最为直接的办法。

5) 正规房地产经纪公司

大型经纪公司一般都会集中代理不同楼盘的尾房销售，不仅户型、价位比较齐全，优惠的折扣也会打得更低，而且还能保证房屋的产权归属。

第 12 章

投资买卖房的方法与技巧

　　如何才能买到低价房，如何才能以更高的价格、更快的速度出售房子，如何在房产交易中避税，这就需要具有投资买卖房的技巧。本章首先讲解售楼员是房地产投资的高手和房产团购的技巧，然后讲解如何在拍卖场上淘便宜房子，接着讲解房子装修后更易成交、通过中介出售房产好处多，最后讲解炒房要谨慎和房产交易避税的技巧。

359,464	0.3%
8,632,724	7.7%
59,087	0.1%
13,963,095	12.4%
5,266,055	4.7%
10,323,178	9.2%
5,283,470	4.7%
4,330,582	3.8%

12.1 售楼员是房地产投资的高手

下面请看一个例子。

在青岛工作几年的王先生想在李沧区买一套房子，跑了好多天，王先生发现，跑到这家售楼处，说房子已经卖完了；跑到那家的时候，售楼员说房子只剩下楼底了。

王先生在网上看到信息说某楼盘便宜，可跑过去一问，那房子光线不好，只能当仓库使用。最让王先生生气的是，无意间听到有人说，有一个新开盘的售楼处有房子在卖，可是去了之后，售楼员却告诉王先生，近日暂时没有房子，得过段时间才可能有一些房子要卖。

王先生被售楼员忽悠得云里雾里，明明网上看到说有房子卖，可去了现场得到的却是暂时没有房子。

其实，王先生不知道，在房地产市场中，售楼员绝不仅仅是一个打工者。很多售楼员为了增加自己的收入，只是用了一个小小的伎俩，便使自己从一个打工者变成了炒房者。是的，售楼员也在炒房。

12.1.1 售楼员对房子知根知底

具有投资经验的炒房者都知道，很多新开盘的楼盘根本就买不到好房子。好的房子全部被售楼员给保留了，每个月限量推出的那几套房，也根本轮不到你买。房子买贵了不可怕，可怕的是你买不到好房子。

什么样的房子好，什么样的房子不太好，其实售楼员最清楚。售楼员对房子知根知底，就像服装店老板了解自己的服装一样，到底质量好不好，价格高不高，没有人能比售楼员更清楚的了。

购房者要想买到便宜的好房子，一定要跟售楼员走近点。很多好房子，只有跟售楼员有关系的人才能买到，没有关系只能多拿钱了。

12.1.2 与售楼员交朋友

在购房过程中，会有很多陷阱在等着购房者，还有那些复杂的手续，常常把购房者弄得晕头转向。如果没有一个房地产市场上的行家帮忙，买来的房子很可能就会中了开发商的圈套。

跟售楼员交朋友，即可享受价格上的优惠，还可以买到质量比较可靠的房子。不管是自住，还是投资，跟售楼员搞好关系都是相当重要的。

有些购房者像大爷似的，到售楼员面前吃五喝六。遇到那样的购房者，售楼员不用说，也不会把质量又好，价格又低的房子介绍给他。

为了买到好房子，除了自己提高自己必要的购房知识外，交个售楼员朋友也是非常有必要的。像有些购房者跑断了腿，最后也没有买到好房子，而真正的好房子却在售楼员手中，他们专等着房价高了再卖。

12.2　房产团购的技巧

全国各地的楼盘纷纷打出团购打折的优惠，并且越来越多的人参与到团购购房的队伍中来。这样，既可以让每一个人都能找到更优惠的团购房子，又能让不相识的消费者共同享受物美价廉的服务。

例如，2013 年，在青岛工作的李小姐看到有人征集买房者，组织大家团购房子，就加入进来了。因为是第一次参加团购，李小姐心里觉得很不安，害怕就算是参加团购，也跟单独购房差不多。就在李小姐担心了一段时间之后，购房团终于跟青岛某房地产商成功达成协议，团购成员的购房价格比市价低两成，李小姐高兴坏了。

那么到底什么是团购呢？团购房子的优势是什么呢？团购时应注意的事项是什么呢？

12.2.1　什么是团购

团购就是团体购物，指的是认识或者不认识的消费者联合起来，来加大与商家的谈判能力，以求得最优价格的一种购物方式。

根据薄利多销、量大价优的原理，商家可以给出低于零售价格的团购折扣和单独购买得不到的优质服务。

团购作为一种新兴的电子商务模式，通过消费者自行组团、专业团购网站、商家组织团购等形式，提升用户与商家的议价能力，并极大程度地获得商品让利，引起消费者及业内厂商、甚至是资本市场的关注。

团购的商品价格更为优惠，尽管团购还不是主流消费模式，但它所具有的影响力已逐渐显露出来。

团购的形式共有四种，具体如下。

(1) 自发行为的团购。

(2) 职业团购行为，目前已经出现了不少不同类型的团购性质的公司、网站和个人。

(3) 销售商自己组织的团购。

(4) 通过组建"消费者联盟"建立持续、稳定的，通过团购渠道来创业的"个人

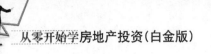

特许加盟型团购"。

注意，四种形式的共同点都是参与者能够在保证正品的情况下让自己的消费资产获得增值。怎样才能使团购的商品最划算？参加团购前要先做好市场调查，并且要了解自己要买的商品的价格、品牌以及性能，只有心中有数了，才不会被所谓的"团购优惠"弄糊涂。

12.2.2　房产团购的优势

购房者在房屋买卖过程中，由于对房地产交易过程的不熟悉，以及缺乏相关知识，常常处于劣势，而房产团购恰恰弥补了这些不足。房产团购的具体优势如下。

(1) 房产团购可以团结购房人的力量，争取到有利的补充协议，共同抵御购房风险，抵制霸王条款。这样的权益，没有集体的力量是争取不到的。

(2) 房产团购可以集中购房人的资源，降低成本，获得更多专业人士的帮助。有众多购房人的参与，请专业地产律师或专业地产人士具备了可行性。

(3) 房产团购可以加深购房人之间的联系，有利于业主委员会的成立和后续维权问题的解决，弥补业主的势单力薄，有助于建设一个其乐融融的居住环境。

(4) 房产团购可以获取更多关于开发商及房屋的信息，确保正确决策。

(5) 房产团购的优势主要体现在价格上，购房者可以获得更多的折扣，一般可以节约 5%～10%的房款，省时、省钱、省力、省心。

12.2.3　房产团购应注意的事项

不管是自住还是炒房，都不要因为开发商打出团购可享较低折扣，而放弃其他方面的权益，从而使自己买到手里的房子，失去了赚钱的空间。

另外，有些开发商向团购者发放的房号，很有可能存在缺陷，如有些房子只有 40年或 50 年的产权，还可能没有燃气管道，导致以后住在房子里，业主只能用电饭锅做饭，那可就惨了。

虽然房产团购的好处多多，但是购房者在确认购买之前，还是要看好房子的质量。不要交钱之后，再后悔因为听了团长的话，而买下了自己不看好的房子。

团购房子，购房者仍然需要独立理性思考，并且为团购集思广益、出谋划策。

12.3　学会在拍卖场上淘便宜房子

近年来，随着房价的一涨再涨，拍卖会上"赶场"的市民明显比往时多了起来。

在过去，投资者总觉得拍卖会上拍卖的房子大多不是好房子，便宜没好货，但现在渐渐发现原来也真能淘到不少好东西。

据了解，目前拍卖会上的房产拍卖价往往比市场低 20%左右。但正如人们所说的"高回报意味着高风险"一样，与在市场上购买一手房和二手房相比，参加拍卖会购买房产标的明显具有更多的不确定因素，如不交吉、付款门槛高、产权不清晰等，因此，有意购买拍卖房的人士必须提高警惕，增强自己的防风险意识，这样才能保证自己既能"淘"到便宜房，又不至于给自己带来不必要的麻烦。

12.3.1　"不交吉"，就可能住不进去

下面来看一个例子。

林先生是从拍卖会上淘"便宜房"的老行家了，从 2002 年起，他就先后从拍卖会上拍得晓港湾、丽江花园、星河湾等楼盘里的住宅物业，或出租或转手售出，回报颇为满意。不久前他又在"邮通小区"拍得一套 35 平方米左右的房产。

尽管林先生在拍卖上频频出手，但他在"防风险"方面还是相当谨慎的。在一次拍卖会上，有一套愉景雅苑的住宅对他很有吸引力。这套标的位于新港西路景馨街 51 号，属于小区内翠林居的一个中等楼层单位，建筑面积 86.33 平方米，拍卖参考价只有 26.1 万元。

据了解，愉景雅苑是个相当不错的小区，不足 5 年楼龄，目前二手楼价在 5500～6000 元/平方米，而这个标的参考价只有 3000 元/平方米，这是近来拍卖会上少见的"便宜货"。

但经过进一步的了解后，林先生这才发现这套标的"便宜"的背后是有原因的：虽说有房产证，但属于"不交吉"物业。

林先生首先遇到的问题是，这套房子目前有人住着，住户不同意看房，林先生一来就吃了个"闭门羹"，原本热情高涨的他一下子就感到心里凉了半截。回头再打听，又得知住户对强制拍卖自己的物业一直就有抵触情绪，所以不肯搬走。后来林先生问拍卖行遇上这种情况怎么办？拍卖行告诉他，这套房子过户应该没有问题，但拍卖后住户肯不肯搬出要由拍得者与住户双方商量，要是对方不肯搬出那也没办法。

林先生说，他也购买过带租约的拍卖房，但住户不肯搬走的情况还未遇到过，后来想想，这种房子是容易出现纠纷的，既然拍卖行和委托方都不愿意提供帮助，自己又没有硬抢的本事，这套房子就是再便宜也不敢要了，因此最后选择了放弃。

12.3.2　全额款筹不齐，就会被没收保证金

下面来看一个例子。

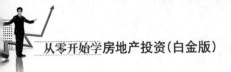
冯先生自从 2005 年发现拍卖会上能"淘"到"便宜"的好房子之后，一年多以来就一直活跃在房产拍卖会上，现在手头上已有多套从拍卖会上"淘"得的物业。

近日，冯先生从报纸上得知珠江新城皓瀚华轩有一批房产将于 6 月 7 日被拍卖，拍卖参考价在 5500 元/平方米左右，而珠江新城目前的一手楼价已达 7000～9000 元/平方米，这让他又心动了。

冯先生看过这批标的后，觉得非常满意，无论是位置、物业素质和周边配套设施，还是未来的发展前景，这批标的都有可圈可点之处。

但拍卖行的工作人员告诉他，这批标的要求一次性付款，而且要求受拍人必须在3 个工作日内付清全部房款。

冯先生说，这一消息对他的积极性无疑是一大打击。他告诉记者，经过前面几次购买拍卖房之后，目前他手头上的积蓄已远远不够一次性支付高达 50 万元以上的拍卖房款了。

但他还是不甘心错过这次好机会，于是便向一些办理按揭代理的公司和有关银行寻求帮助，但得到的答复是：拍卖房可以办理银行按揭，但最快也要一个月后按揭贷款才能到达冯先生的个人账户上。

虽然按揭代理公司建议冯先生可以先向亲友借钱垫付拍卖房款，等 1 个月后按揭贷款办好后再给予返还。但冯先生对自己能否在几天内能借到这么大的一笔钱没有把握，也不想冒这种万一因付不了款被没收数万元保证金的风险，最后他还是"忍痛割爱"。

12.3.3　没有房产证，只能赌开发商良心

下面请看一个例子。

高先生也是房产拍卖会的一位常客，近来更是频频参加拍卖会。他目前已拥有广园新村等多处从拍卖会上"淘"得的物业，或用来出租或等楼价升高后再转手赚上一笔。

在谈起"防范风险"的经验时，他说，在 2004 年 9 月拍卖的珠岛花园 19 套一手楼住宅标的，之前他曾很有兴趣，觉得 2700 元/平方米的拍卖参考价，可以说是广州市区内最便宜的江景楼了。

但经过了解后，发现这批标的只有预售契约，没有房产证，加上大坦沙的道路不太好，珠岛花园距离未来的地铁站口也有一定的距离，最后还是放弃了。

如果是没有房产证的一手楼，那就要看这个标的是哪个开发商开发的，讲信用、有实力的开发商应该让人放心些；如果是一些没有实力，又有不良记录的开发商，那再便宜也不敢要；如果是二手房，则尽量投拍那些有房产证及房权关系清晰的标的，以便尽可能避免拍卖后带来的风险和麻烦。

12.3.4　风险防范技巧

在拍卖场上是可以淘到便宜房，但一定要注意风险防范，下面来具体讲解一下风险防范技巧。

1)　"三证"不全问题多

没有产权证的房产，因单位欠款被法院强制执行拍卖，将使用权抵押给债权人。债权人又将房屋的使用权拍卖，多个竞买人共同取得了该使用权。

在实际使用中，这几名业主就电梯、公共通道等公共设施的使用产生了很大的矛盾，但因为谁都没有取得该房屋的产权证，公共设施到底该怎么使用也没有依据。如果"三证"齐全，这个问题就不会出现。

 提醒　要了解房屋的产权状况。

要了解房屋的产权状况的购房人，要做好以下三步。

第一步，要求卖方提供合法的证件，包括产权证书、身份证件、资格证件以及其他证件。产权证件是指"房屋所有权证"和"土地使用权证"。资格证件是指查验交易双方当事人的主体资格。其他证件是指：出租房产，要查验承租人放弃优先购买权的协议或证明；共有房产，要查验共有人放弃优先购买的协议或证明；中奖房产，要查验中奖通知单和相应的证明等。

第二步，向有关房产管理部门查验所购房产产权的来源。查验的具体方式是查验产权记录。包括：①房主是谁，如为共有财产，各共有人的产权比例及拥有权形式；②档案文号，即该宗交易的文件编号，如查询者希望获得整份文件，可依此编号向有关方面取得文件副本；③登记日期，此日期为该项交易的签订日期；④成交价格，即该项交易的成交价，查询者应注意如果成交价是注明"部分成交价"，则代表该成交价不但只包括该房屋，并且包括其他房地产成品；⑤其他内容，如房屋平面图等。

第三步，查验房屋有无债务负担。房屋产权记录只登记了房主拥有产权的真实性以及原始成交事实。至于该房屋在经营过程中发生的债务和责任，则必须查验有关的证明文件。包括抵押贷款的合同、租约等，还要详细了解贷款额和偿还额度、利息和租金的金额，从而对该房产有更深的了解。

另外购房者还需了解的内容有：所购房有无抵押、房屋是否被法院查封等。最后，应提醒购房人注意的是，购买二手楼房，尤其要搞清楚所购房是否属于房改出售的房屋。

总之，要了解房屋产权的真实情况，购房者除了要向卖房方索要一切产权文件，仔细阅读外，还要到房屋管理部门查询有关房产的产权记录，两相对照，才能清楚地

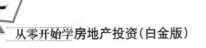

知道该房的一切产权细节，不至于有所遗漏。

2) 共有财产拍卖要共有人书面同意

张女士花了 80 万元拍得一套公寓，正准备去办理过户手续，却被告知法院要收回该房屋。原来，这套公寓属于夫妻共同财产，虽然产权证上的"房屋所有人"写的只是男子一人的名字，但因是婚后所买，因此其妻也是这套公寓的所有人之一。而拍卖时，其妻子并不知情。最后，法院裁定拍卖无效，将房屋恢复到了拍卖前的状态。

根据相关法律，房屋所有人拍卖共有房产时，需有其他共有人的书面同意，否则，拍卖属于无效拍卖。因此，投资者在参加拍卖会之前应了解清楚标的是否属于共有财产，除了了解是否有房产证外，还要清楚该标的主人的家庭情况，看是否业主不止一人，且是否都同意该标的被拍卖。

3) "不交吉"的拍卖房敢不敢买

梁小姐发现在拍卖场上，"不交吉"标的通常比"交吉"标的价格低，有的价格甚至只是后者的一半。但对"不交吉"概念的不理解，常常导致买家们在拍卖会中错误投资。

注意，带租约"不交吉"还有机会。准确地说，"不交吉"指买受人对被执行标的有产权、无使用权。

"不交吉"标的有两种：一种是标的带租约，目前处于被使用中，租客与原房主有租赁协议在先，买家可与租客保持出租与承租的关系，定期收租金。另一种"不交吉"是标的不带租约，但目前被原业主或其亲友经业主允许使用。

造成不带租约的不交吉标的有三种原因。

一种是回迁户问题，即开发商开发新楼盘时，将部分物业分给原居民使用，但产权一直未转给回迁户，直到其因欠债被拍卖时，产权还是属于开发公司的；

一种是单位宿舍问题，即物业的产权属于原工作单位，住户已上交房改房款，但单位未将产权转给员工，而之后单位因欠费被执行强制拍卖；

还有一种是个人按揭购买物业，但无法供足房款，被强制拍卖。

带租约的"不交吉"标的未必是坏事，因为可直接获得投资回报。但是，带租约"不交吉"标的也存在投资风险。如果该协约租金低于实际市场价格、租期过长，就会拉低买家的投资回报率。

 提醒 无租约"不交吉"风险较大。

无租约的不交吉标的风险最大。如现住房不愿搬迁，买家必须向法院申请再执行；法院经过调查，如核实现住户无其他住所，很可能要买家为现住房客安排其他居住场所。

拍卖会上还会出现一种特殊的"不交吉"，如"某标的 1/2 产权""某标的 1/3

产权"。也就是说，该物业有多个业主，被拍卖的是其中一部分产权，其他产权掌握在物业共有人手中。这种不交吉风险更大，处理也更麻烦。因为无法享受到完全产权，买下 1/3 的产权也无权抵押。

4)　拍卖成交确认书或协议不是产权文件

下面来看一个例子。

2004 年 7 月，黄小姐通过拍卖方式以 40 万元的价格购得海珠区宝岗大道某大厦一套房子，并与拍卖行签订了拍卖协议，协议约定 2004 年 8 月底前办妥过户手续。随后，黄小姐通过中介公司的介绍，以 45 万元的价格将房屋转售给李先生，并在合同上承诺 10 月前将产权过户至李先生名下。然而，直至 11 月底，黄小姐仍未能取得房屋产权，更不用说过户至李先生名下了。无奈之下，李先生一纸诉状将黄小姐告上法庭，要求黄小姐按合同约定承担违约责任并赔偿损失。

 提醒　合同无效也要负过错责任。

法律专业人士表示，合法的产权文件包括经鉴证的预售契约以及房产证，而拍卖成交确认书或拍卖协议不属产权文件。

黄小姐与拍卖行签订的拍卖协议是否能履行处于不确定状态，因此黄小姐不是房屋的合法产权人，无权在未取得房产证的情况下出售房屋。因此，与李先生签的合同也是无效合同，李先生无法要求黄小姐承担违约责任，但当事人仍根据过错责任原则对因无效合同而产生的损失承担相应责任。

5)　"预售契约"房拍卖后不能再转让

目前，市民喜欢参加拍卖会来买房，是因为拍卖房起拍价比市场一般低 20%，对于同一类型的物业来说，持"预售契约"标的，其起拍价比有《房产证》的标的起拍价可能还要低。

但在新政策的规定下，竞买人在拍卖场上成功竞得"预售契约"房产后，如果想再转让就不行了，必须要等到该物业办妥《房产证》后才可自由买卖。一般人想通过"买拍卖房"浑水摸鱼为未办《房产证》的房产转名，这是行不通的。

12.4　房子装修后更易成交

当前，很多人想换房，即卖出手中的二手房，然后买套新的、大一点的楼房。为了让住了多年的老房子能卖个好价格，就需要花点心思装修一下，这样才易"嫁"出去。

李先生最近买了一套新房，全家搬过来后，打算把原来那套旧房卖掉。于是就请来了专业的中介代理人来给自己的房子估价，结果中介公司说出来的价格让李先生大失所望。

中介代理人说，你家厨房的墙壁黑了一大块，厕所地板上的瓷砖残缺不全，阳台又那么脏，卧室里一点也没有让人想生活在那里的欲望，像你这样的家也值不了太多钱。

是呀，房子就像邮票，品相不好自然卖不上好价钱。有些房子质量不错，可是买家看到房子就打起了退堂鼓，因为房子的外观实在让人高兴不起来。有些卖家的房子里凌乱不堪，厨房里脏得进不去人了。卖房子，要注意卖相，否则质量再好的房子也卖不上好价钱。

12.4.1 卖房第一印象很重要

卖房就像相亲，第一印象很重要。女人如果想嫁个好男人，就得把自己好好打扮一下，房子也一样。即使买房者不太在意房子的外在表现，但也不会给这样的房子更高的价格。

要想把房子卖个好价格，就得让买家从心眼里喜欢该房子，从房子身上发现闪光点。当房子把买家牢牢吸引住了，房子的价格就好说了。

第一印象相当重要，一个好印象，可以给房子增值不少。如果卖房时，房主仍然住在房子里，房子就会给人一种温馨的感觉，为买房者留下一个很好的印象。如果一开门，房子空空荡荡，买主的热情一下子就没有了。

12.4.2 怎样装修可以让房子价更高

一般来说，房屋装修有两种方式：一是买一些奢侈品，例如梦寐以求的采暖地板；二是遵循实用主义的原则进行装修，如添加一个节能热水器、修复漏雨的墙面等。

这两种思路的装修对提高房屋价格的效果是不同的，无关紧要的奢侈品一投资就无法收回，任何一位房屋买家都不肯为浴室里新装的豪华浴缸买单。

怎样装修才能让房子价更高呢？下面三种装修项目可以让你获得更高的投资回报，如图 12.1 所示。

1）重新油漆

如果打算卖房子，就在卖之前，粉刷一下房子，让房子焕然一新，这样在市场上更受欢迎。

2）厨房再装修

对大多数买房人来说，厨房是房屋的心脏，因此在卖房前装修一下厨房可以起到事半功倍的效果。重新吊顶；重新铺地砖；把油漆已经剥落，看上去脏乎乎的橱柜给换掉等，花费不多，但会让厨房增色不少。

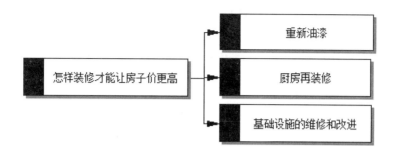

图 12.1　怎样装修可以让房子价更高

3)　基础设施的维修和改进

基础设施的完善是房屋物有所值的保证，因此出售房屋前一定要先解决房屋的结构和配套设施存在的问题。

房子打扮得越好，卖出的概率越大，价格也会越高。如果你想卖掉房子，却没有时间来打扮房子，可以请来专业人士来打理。现在市场上出现一些专门为房子美容的公司。当房子卖不出去或卖不出好价钱时，就可以请他们来帮你把房子好好美容一下，那样房子就能焕然一新。

12.5　通过中介出售房产好处多

下面请看一个例子。

在青岛工作的张女士看中了一套房子。那套房子相当不错，景观也很好。张女士与老公商量后，决定买下来。当初她和老公结婚时，买了一套小二居，现在为了缓解贷款压力，张女士打算把它卖了。

张女士的老公想把卖房的事情交给一家信誉相当好的中介公司，但张女士觉得眼下要买新房，需要节约资金，为了不让中介公司再从中多赚一笔，她说服了老公，决定自己亲自售房。

张女士买房相当顺利，直接到售楼处签了合同，然后办理各项手续也不费劲。但是张女士卖房的过程却很煎熬。

张女士每天都要到大街上散发卖房广告，还要在各大网站发布卖房信息，但一个月过去了，没有一个人前来看房，更不要说卖出去了。

其实，这种"节省"是没有必要的，由于分工不同，90%以上的二手房都是通过中介成交的。

12.5.1　中介是房产交易的专家

很多人觉得委托中介卖房等于白白让中介赚中介费，心里很不舍得。其实这是有必要的，把房产中介想象成你雇用的一个管家不就行了，管家为你付出了劳动和心血，付给管家报酬是应该的。

有经验的炒房高手，很少自己亲自卖房子，他们往往会把房子挂到中介公司去。从买家谈价到看房，再到签合同、过户、付款等各种手续，都是在中介公司帮助下完成的。他们常常当甩手掌柜的，然后满城市寻找其他新机会。

也正是有房产中介，才使越来越多的炒房者一边上班，一边炒房；一边睡觉，一边炒房；甚至一边旅游，一边炒房。因为中介就是你的大管家，即使你已经忘记了你的房子在哪里，中介公司也还在帮你发布买卖信息。

12.5.2　中介服务的优势

在海外，绝大多数的房地产是通过中介交易的。在我国，也有 90% 的房子是通过中介成交的。专业分工越来越明细的今天，不管是买房人，还是卖房人，都不可能把什么事情都自己做完。分工协作，才能事半功倍。中介服务的优势，如图 12.2 所示。

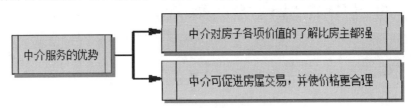

图 12.2　中介服务的优势

1)　中介对房子各项价值的了解比房主都强

中介可以对房子的价值有一个正确理性的评估，这样就不会使买卖双方过高或过低地估量房子，从而错过了最好的交易时机。

中介对所服务的区域相当熟悉，他们可以给客户提供又多又实际的房子背景信号。不管是买房人，还是卖房人，都可以从中介公司得到想要的信息。中介公司房产交易的经验是无人能比的。

另外，买房、卖房有非常复杂的手续也牵扯很多法律问题，如果是自己亲手操作的话，很可能会遗漏某项，或各方面的细节没有处理好，从而为日后经济纠纷下隐患。

2)　中介可促进房屋交易，并使价格更合理

中介公司作为第三方，不管是帮客户买房或卖房，谈判起来都非常方便，他们具有高超的抬价和压价能力。如果是当事人直接谈判，不但卖不出好价钱，而且成交的概率也会大大降低。

12.5.3　找中介要注意的事项

有一些投资者找房产中介，被房产中介给蒙了，代理费房产中介拿走了，可是房子没有成交。还有一些投资者交了中介费，可房产中介不给办理过户手续，却跟客户索要更多的费用。鱼目混杂的中介市场，让很多人对房产中介的印象不佳，有时甚至不愿意跟中介扯上关系。

买卖房子真的不是一件小事，其中手续繁杂可想而知。许多人在买房或卖房时，都会遇到一些困惑，到底该不该找中介公司。

其实，找中介公司绝对没有错，如果有错，就是错在你把房子交给了一个服务差信誉低的小中介公司。只要选对了中介，找对了代理人，房子就能在最短的时间内以一个最好的价格成交，即省时间，又得到了更多的回报。

12.6　炒房要谨慎

开发商常常把自己的房子夸得像花一样，如房子出行便利，出了小区就是公交车站或地铁；房子后面是山，前面有水；房子靠海近等。

我们在投资房产时，不要只听售楼人员的，一定要多比较、多考察。楼市很多，随便转转，哪个城市都有楼市开盘，千万不要见楼就买。买房需谨慎，弄不好会赔得很惨的。

李先生工作多年，手中有了一些余钱。看到最近几年房市火爆，也想参与炒房。某天，单位附近有一个楼盘正在搞宣传活动，新盘吸引了不省投资客和买房者，也把李先生吸引过去了。

售楼小姐告诉李先生，这个楼盘现在都在抢号，交通便利，离市区又近，升值空间相当大，估计升值 20%是没有大问题的。现在不赶紧抢号，到决定要买时，恐怕早就卖完了。

听了售楼小姐的话，李先生便没有多考虑，心里光想着以后房子升值了，自己可以发财了。一年后，李先生投资的这个小区确实升值了，一平方米上涨了 800 多元，他买的房子如果卖了也能赚个七八万元。李先生高兴得每天睡不着觉，但让他没有想到的是，自己挂牌很长时间了，没有人来问。

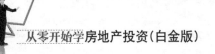

李先生相当不解，于是向一个专业人士请教。原来，李先生投资的那一套房，下面是一排餐馆，还有两家商场，一到星期天，商场的喇叭响得满条街都听得到，而开餐馆的总是脏乱差一片，所以这样的房子很不好卖。

另外，由于楼层比较高，当商铺卖是不可能的，李先生只好把房子租出去，每个月的租金还不够还房贷的，李先生不但没有赚到钱，每个月还要搭钱。这就是不理性投资的结果，所以说不是每一个房子都能赚到钱的，一定要懂得反复比较。

12.7 房产交易避税的技巧

面对房子交易成本的大幅增加，交易双方在如何少交税的方面做足了文章来对冲交易成本的增加。而在当前房产交易的避税方法中，主要有四种，分别是做低合同价、假赠予、以租代售、公证买卖。

12.7.1 做低合同价

从当前房产交易的避税方式中，采取"做低合同价"的方式是交易双方最为普遍的避税手段，而通过此种方式也能为出售者和购买者节省大量的税费成本。

例如，霍小姐 2012 年在青岛城阳以 65 万元购买了一套商品房，并且花了 6 万元的装修费；今年 8 月份以 100 万元卖给了王先生。如果按照实际的交易价格办理登记，则霍小姐需要缴纳 5.5 万元的营业税、1 万元的个人所得税(按售房收入×1%计算)；王先生也需要缴纳 1.5 万元的契税。

而交易双方为了避税，将合同价做到 72 万，则霍小姐只需要交纳 3.96 万元的营业税，由于没有售房收入的差额所得，霍小姐就不需要缴纳个税，同时，王先生的契税只需要缴纳 1.08 万元。这样，通过做低合同价，可以为交易双方节省的税费总共为 2.96 万元。

从产权关系上来说，通过"做低合同价"依然能够顺利地实现房屋产权的转移；但是，这其中面临的风险是，法律意义上的房屋交易标的额是按照产权登记合同为准的，万一在购买方获得房屋产权之后，余款的划割按照合同价支付，出售者就要面临巨额房款的损失；另外，作为购买者在未来转手交易时，购房原价按照此合同价计算，必将会产生更多的售房收益，从而面临大幅的个人所得税支出，到时会有点得不偿失。

12.7.2 明"赠予"，暗"买卖"

虽然随着社会经济的发展，亲朋好友之间的房屋赠予也变得越来越多；而根据现行的法律规定，房屋赠予是一种民事行为，所以在交易过程中，一般只收取手续费用，而由此涉及的营业税等税费都是免交的。基于赠予所能节省的大量税费成本，使得在现阶段，赠予行为成为二手房交易当中的一个常见避税方式，也深受交易双方的青睐。

例如，张先生就通过"房屋赠予"的方式卖掉了房产，据张先生介绍，2013 年，其在济南以 50 万元购买了一套房产，现在以 70 万元出售，通过这种"房屋赠予"方式，可以为其减少 3.85 万元的营业税支出(70 万元×5.5%)和 0.7 万元的个人所得税支出(70 万元×1%)。(注：此处个人所得税按照核定方式的"售房收入×1%"来计算)。

尽管赠予行为是一种民事行为，没有发生市场交易，一般只收取部分手续费用。但是，采取明赠予、暗交易的买卖方式，对双方当事人都有很大风险。对购买者来说，如何约定付款方式，就是一个重要问题，因为赠予人在赠予财产权利转移之前可以撤销赠予，即使购买家已经付了定金，也对出售方没有约束力。

此外，我国《合同法》规定："赠予的财产有瑕疵，赠予人不承担责任。"也就是说，如果房屋出现质量问题，购买者就很难要求出售者赔偿。另外，买家还要提防赠予人撤销赠予或不履行赠予义务的行为；并且赠予行为必须进行公证。

12.7.3　以租代售

自 2006 年 6 月 1 日起，对于 5 年内转手交易的房产均要按照销售收入的 5.5%全额征收营业税；并且自 8 月 1 日开始，还要征收个人所得税。这就让一些与原本超过 2 年而未满 5 年的房产交易者为了避税纷纷采取"以租代售"的销售策略。"以租代售"是指双方在确定成交的意愿下先签订房屋租赁合同，租赁期限到办理产权过户不缴纳营业税的时间(即取得产权 5 年)为止，双方在租赁合同里约定，买卖双方在正式签订买卖合同并实现产权过户后，买方可以将先期支付的租金用以冲抵购房款。

目前"以租代售"的方式在一些快满 5 年的房产交易中非常普遍，其最关键的一点是对买卖双方都不构成任何的损害。但专业人士认为，由于房屋的价格具有极大的不确定性，假如在签订租赁合同时，所签的价格与所要求的"五年限制"时间之差后该房屋价格不一样，如果房屋价格上涨了，那卖家完全可以宁愿赔偿违约金也不愿意按以前约定价格卖掉房子，这对于买家来说，则要承担由此带来诸多的机会成本。一般说，租金年限越长，其机会成本也越大，风险也越高。

12.7.4　先公证后过户

对于一些快满 5 年的房产交易，与"以租代售"的交易模式相比，先公证后过户不失为当前极为合适的一种交易方式。"先公证后过户"是通过合同或公证的形式进行买卖,但先不到房地产交易中心办理交易登记,待房产所有权满 5 年后,再办理过户手续,仅花少量的公证费,就可避免缴纳部分营业税。这种交易方式只要买卖双方私下谈妥就可办理,而且相对"方便"。

对于先公证再过户的交易方式,确实是一种比较好的选择方式;但是这样同样会存在很多风险。比如,由于房屋的权属问题仅仅是公证,卖家可以凭产权证悄悄进行抵押。还有就是基于房价上涨的原因,卖方想调整价格而导致双方产生分歧等。

综上所述,专业人士认为,通过不同的方式来避税固然能够降低交易成本,但是,对于不同的避税方法可能存在的风险还是应该有一个比较清楚地认识,免得"捡了芝麻而丢了西瓜"。

第13章

以租养房的方法与技巧

近年来，以租养房成为一种房地产投资的流行方式，即买房后不急于转手套现，而选择把房子租出去靠租金来还银行贷款。这种以租养房的投资策略，既转嫁了负担，又享受到了房产增值带来的效益。本章首先讲解以租养房的基础知识，然后讲解提高房租收益的技巧、装修出租房的技巧、房子出租新热点，接着讲解商铺出租收益高，最后讲解与房屋中介合作的技巧。

13.1　初识以租养房

随着房地产市场的成熟和发展，"以租养房"的现象在全国的房地产市场中频繁出现。以租养房有几种形式呢？房子租不出去空置怎么办？下面来进行详细讲解。

13.1.1　以租养房的形式

以租养房的形式有两种，第一种是出租旧房，用旧房所得的租金来偿还第二套房子的银行贷款；第二种是购买两套新房，一套具有较大升值潜力，可以租到很好的市场价位，一套则强调居住的舒适性，用第一套房子租出去的租金来偿还两套房子的银行贷款。

现在，不少投资者采用第二种方式以租养房，这样投资者只需要再添很少一部分资金就可以安枕无忧了。这是一种将投资与居住相结合的主法，投资居住两不误。

13.1.2　房子租不出去很可怕

以租养房最怕空置，空置意味着用来供养的那套房子租不出去了。无人承租，就会使购房者的经济出现问题。如果购房者一味要面子，在房子空置的情况下，还硬撑着，最后只有自己赔本。

李先生在结婚时买了一套二室一厅的房子，住到 2007 年时，家中添了宝宝，于是就贷款买了一套三室一厅的房子。首付 30 万元，然后又向银行贷款 60 万元。

本来李先生是想把那套二室一厅的房子卖掉的，结果一直卖不出去，而且那套三室一厅的房子的月供实在压得李先生喘不过气来。最后，李先生想出来一个好办法，那就是把二室一厅的房子以每月 2000 元租出去，然后用它来还三室一厅的房子的房贷，这样可以减轻经济压力。

但是李先生的想法并没有实行多久，因为李先生的二室一厅位置比较偏，而且楼距较近，光线也不太好，很多租房者根本不愿意租李先生的房子。

从 2007 年年初一直到年底，整整一年的时间，李先生的房子一直闲置着。李先生性格比较急，看到别人的房子能以 2000 元的价格租出去，而自己的房子已经降到 1800 元了，却还没有人租。李先生对出更低价格的租房者又气又恨，最后便不再理会那些不停压价的人。

李先生的房子就这样一年都没有租出去，不明就里的李先生就是不明白，为什么自己的房子就租不出去呢？

房子最怕空置，特别是想通过以租养房来减轻房贷压力的购房者。在这里可以想象一下，李先生在房子租不出的那段时间里，还要还房贷，心情是多么的急呀。

13.1.3　如何让房子更快地租出去

　　怎样才能让自己的房子更快地租出去呢？有三种常用办法，分别是挑选交通位置好的那套房子出租、降价也要出租、装修后再出租，如图 13.1 所示。

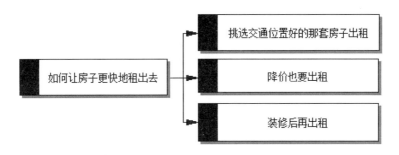

图 13.1　如何让房子更快地租出去

　　1）　挑选交通位置好的那套房子出租

　　在出租房子里，一定要挑选交通位置好的那套房子出租，而自己选居家环境舒适的那套房子住居。这是因为，租房子的一般都是上班族，或者是做生意的年轻人，他们主要看房子的交通是否便利，房子的舒适度则是次要的。所以房子要想租到一个较高的价格，就要求房子的地段好。

　　2）　降价也要出租

　　交通不好的房子，一般很难出租。如果实在想出租的话，就必须把房价降到一个相对合理的位置。硬扛着是不行的，最后只会让自己的房子变成"鸡肋"。其实没有租不出去的房子，只有租不出去的价格，租房一定要根据当地年轻人的收入情况，对房价做出相应的调整。当年轻人能接受了，房子自己就能租出去。

　　3）　装修后再出租

　　房子装修后再出租，一般都易于出租。当然房子可以精装，也可以简单装修。总之，没有装修的房子是没有人愿意租住的，这是因为租房的一般是上班族，他们喜欢能拎包入住的房子，但如果房子里连地板也没有，灯也要重新装，卫生间也不再好用，厨房没有办法做饭，那房子真的很难让人看上眼了。

　　房子空置的时间越长，其创造的利润越低，房主为房子所付出的代价越高。所以，房主一定要想办法把房子租出去，这样才能实现以租养房。

13.2 提高房租收益的方法与技巧

为了提高出租收益，就必须明白哪些因素真正决定租金收益，这样才能有针对性地提升房子出租收益。

13.2.1 影响房子出租收益的四要素

影响房子出租收益的四要素，如图 13.2 所示。

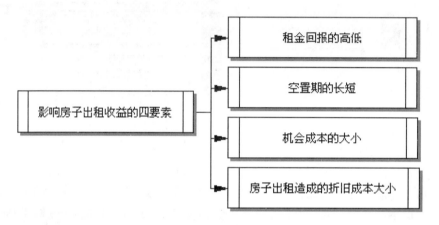

图 13.2 影响房子出租收益的四要素

为了提高房租收益，就必须尽量做到以下四点。

(1) 尽可能提高出租房子的租金回报。

(2) 尽可能缩短出租房子的空置期。

(3) 尽可能降低出租房子过程中的机会成本，如时间成本、交通成本等。

(4) 尽可能减少出租房子的折旧成本。

13.2.2 提高房子出租收益的技巧

提高房子出租收益的技巧主要有四点，如图 13.3 所示。

1) 适当的装修才能提高出租房子的租金回报

一般来说，装修得越高档，租金越高，出租回报率也就越高，其实不是这样的。在房子出租时，要想获得较为可观的出租收益，对房子进行必要的装修是必不可少的，但装修的好坏与出租收益不完全成正比。

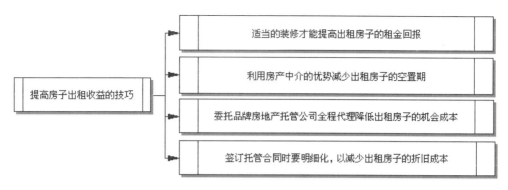

图 13.3　提高房子出租收益的技巧

正确的方法是，在房子出租之前，对该区域出租人群进行准确的定位，并对其生活偏好、兴趣爱好进行简单的了解和分析，然后进行适当的装修，以达到租金收益与成本支出达到最优。

2）　利用房产中介的优势减少出租房子的空置期

房子出租的空置期对于单个出租业主来说是很难控制的，只有在拥有大量平台的基础上才能实现有效信息匹配，从而减少房子空置期。而这个信息配置平台就是房产中介。房子出租者可以通过正规的中介公司的信息资源来减少房屋出租的空置期，从而提高出租收益。

3）　委托品牌房地产托管公司全程代理降低出租房子的机会成本

对于出租者来说，尽可能委托品牌房地产托管公司全程代理，一方面，品牌房地产托管公司能保障出租房的安全；另一方面，也能够最大限度地降低出租者的机会成本，从而达到出租收益的最优化。

4）　签订托管合同时要明细化，以减少出租房子的折旧成本

对于拥有多套房产的出租者来讲，还要将出租房子的折旧成本计算在投资收益中，这就需要在合同中对房子损毁程度较大的可能行为进行约束。如果委托中介公司进行合程代理，也要就这一项做出明确的规定，特别是对于精装修出租房。

另外，拥有多房产的出租者，为了提高房子出租收益，还要把握租赁市场的季节性，进行分套、分批出租。

13.3　装修出租房的技巧

准备出租的房子要控制装修费用，因为出租房子损耗太大，并且租房者更关心的是房子的基本设施和是否有实用家具配置。

例如，在同一家房产中介出租的两套房子，这两套房子处于同一个区域，户型、

面积、朝向、楼层也相差不大。但租出两个不同的价格，并且一户的租金比另一户高出很多，并且比租金便宜的房子还好出租。

这是什么原因呢？原来出租收益高的那个房主颇有经济头脑，在装修之前先向中介公司咨询，了解到该区域离商务区较近，来租房的大多是在附近公司上班的年轻人，然后就针对这一客户群对自己的房子进行装修。

13.3.1　精心装饰

房主首先将墙壁重新粉刷，然后将卫生间几块破损的瓷砖稍作修补，最后将厨房、门窗都擦干净，使房子内部显然整洁大方。

虽然房子外观显得有点旧，但与内部的整洁装修所形成的反差，就会给租房者留下良好的第一印象。

另外，来租房的年轻人大多生活节奏较快，房子不必太过修饰，这种简洁的风格更符合他们的口味。

13.3.2　家电齐全

出租房内除了有一些旧家具之外，房主还将旧电视、洗衣机、热水器留了下来。房子出租时，家电齐全的房子一方面更容易出租出去，另一方面租金也可以适当调高一些。

13.3.3　宽带上网

房主还针对客户群的需要，对这套小户型进行了必要的投资。房主深知现在年轻人的生活离不开电脑，于是向一位搞电脑的朋友购买了一台二手电脑，配置尚可，价钱不算贵，并且开通了宽带，可以上网冲浪。

对于年轻人来讲，一台可以上网的电脑，其吸引力可能比其他配置都要大得多。

正是有了"简装、简单家具、电视、洗衣机、电脑、宽带入户"这么一条极富吸引力的信息，让不少租房者决定出较高的价格出租。

13.4　房子出租新热点

随着一系列调控政策的出台，很多中小投资者开始由售转租，即以租养房。怎样才能使自己的出租获得更好的收益呢？近来，租房市场上出现了两个新热点，为房子出租提供了新思路。房子出租新热点如图 13.4 所示。

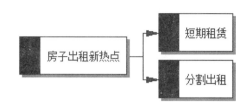

图 13.4　房子出租新热点

13.4.1　短期租赁

短期租赁是相对于普通房屋租赁而言的，其最大的特点就是能够短期租住，按日计租。在房屋租赁市场上，短期租赁一直不是主流，普通租赁租约一般在半年以上，而业主最愿意签一至两年的租约，因为这样收入稳定且又不用操心太多。

短期租赁往往容易导致空置期，而对于一个月甚至半个月租的短期租赁，许多业主都会觉得麻烦。此外，大多数业主对短期租赁客人从心理上觉得不太放心，毕竟租客的素质参差不齐。

短期租赁虽然管理较烦琐，但是能得到普通租赁几倍以上的收益。近年来，随着旅游休闲等行业的快速发展，有短租意向的客户逐渐增多。其中包括出差的商务人士、照顾病人的家属、赶考的学生，还有的是"十一"等黄金周的游客。

有中介公司曾推出了"短租之家"，"短租之家"内不仅有彩电、冰箱、洗衣机、床、衣柜等必备的家具家电，还提供了日常所需的一次性生活用品，如牙刷、梳子、沐浴露、洗发水、拖鞋等，以及高温消毒的床单、枕套、被单等床上用品，甚至还有齐全的厨房设施，租客只需拎包入住，很受市场欢迎。

与普通租赁相比，短期租赁具有三大优势。

一是租期灵活，租用房屋时间按日计算，个别比较高档的短租房要求租客至少租用一周以上，也远远少于普通租赁为期半年的"最短租期"。

二是生活便利，短租房屋一般需配备居家所需要的各类生活用品，租客可以像住在自己家里一样洗衣、做饭、上网。

三是价格优势，入住费用与同等级服务的酒店收费相比至少要低 50%以上。短期租赁可以为旅游、出差、探亲访友等提供方便价廉的家庭式居住服务，所以越来越受到人们的欢迎。

青岛市的张女士三个月前开始涉足短期租赁。刚开始，她在繁华地段买下和租下十几套房子，本来打算按月出租，后来发现，想按日租房的大有人在，于是，她干脆辞职出来，全力以赴做起"家庭宾馆"的生意。如今，十几套日租房几乎天天客满，

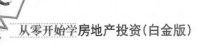

她一个人忙不过来，又请了一名女工负责打扫卫生，还负责把床单拆下送去保洁公司。由于日租房生意红火，除去租房和雇工的开销，每月她还可净赚两万元左右。也就是说，虽然日常管理较烦琐，但是按日出租，能得到按月出租三倍以上的收益。

13.4.2 　分割出租

大户型租赁价格的低迷，正迫使越来越多的业主考虑分割出租。所谓分割出租就是把房屋重新规划后设计成多个单间，每间配有独立门锁，这样，两室一厅的房子可变成三间房子，从而赚取更多租金。

青岛的陈先生是一位楼市的长期投资者，目前楼市的租赁收益很难"养活"他的豪宅。他算了这样一笔账：一套澳门路四房两厅的房子，全装全配整租的价格大概在1.5 万元/月，但是很难找到租客。如果分间出租，按每天 180 元至 250 元的价格，一个月的租金就达 2.4 万元，即使算上 50%的空置率，一个月也能保证有 1.2 万元的租金收入，这笔租金收入与其每月还贷额持平。

另一位业主王先生的房子原来是三室一厅，被他重新设计成了 5 间小房出租，每间小房日租金在 30 元左右，目前住着三个大学生，还有两间可以出租。王先生这样出租房子已有一段时间，由于自己的房子位置并不是很好，全部出租的价格在 900 元左右，每天的租金不过 30 元，但分割成小间单独出租，每天的租金收入就是 100元。由于每天都能保证至少两间出租，每月总租金收入比以前多了很多。

楼市专家指出，分割出租现象反映了楼市在房价和租赁价格之间的巨大落差，正常的情况下，房价应该相当于 100 至 150 个月的房租收入总和。但是，像在青岛楼市中，很多新房的价格相当于 50 年房租的总和。另外，因为无法承担交通和时间成本，普通收入群体需要居住在市中心，但市中心的房价是他们无法承受的。在这样的情况下，分割出租出现了巨大的市场空间，而且越来越受到投资者和普通收入群体的欢迎。

13.5 　商铺出租收益高

很多投资者喜欢投资商铺，如服装城、皮革城、鞋城等，这些都成了楼市投资高手追捧的对象。很多楼市投资高手认为，商铺的升值速度很快，只要挑好了位置，商铺就是摇钱树。

另外，投资高手买了商铺，很少会卖出去，如果是卖，也仅仅卖掉其中的一部分，其他部分用来出租，因为商铺出租的年回报率是相当高的。

李先生在楼市摸爬滚打了多年，在炒房最赚钱的时候已经进行房产投资了。刚开始他看中了一套写字楼，但其朋友阻止了他，让他投资了靠近市中心的一套商铺。

由于商铺投资较大，刚开始李先生有点担心，直到李先生以 8%的年回报率把商铺租出去发后，才发现原来听朋友的话是对的。

虽然 8%的年回报率与开发商当初承诺的 10%～15%有一定差距，但对于李先生来说，已经非常不错了。

后来李先生又继续投资了几个商铺，由于地段好，离市中心又近，附近的各项配套设施都比较完善，李先生接手半个月左右就租了出去，回报率都还不错。

搞了几年商铺投资的李先生，慢慢总结出一些投资经验。他说，从前总以为炒股能赚大钱，但股票毕竟不是实业，不可控制的因素太多了。看不见摸不着的，怎么赔的都不知道。但房地产就不一样了，特别是商铺，要想做生意，就得有店铺。只要生意人做生意赚到钱，商铺就算再贵也有人愿意租。

所以，投资商铺坐收店租是非常赚钱的事，并且商铺的上涨潜力也相当大。

13.5.1　商铺出租回报率高

如何计算出租回报率，其实很简单，就是用年利润或年均利润，除以投资总额，然后乘以百分之百即可，其计算公式如下。

出租回报率 ＝ 年利润 ÷ 投资总额 ×100%

以李先生在青岛投资的某商铺为例，商铺每平方米为 3 万元，如果想买 50 平方米的铺面，就需要 150 万元，如果向银行贷款 50%，然后把商铺以 12 万元的价格出租出去，每个月的租金是 1 万元。

出租回报率 ＝ 12　 ÷150 × 100%　 ＝ 8%

即使商铺不升值，李先生也能用 12 年多的时间收回成本。12 年后，李先生的商铺就是一棵摇钱树，从而实现"一铺养三代"的神话。

13.5.2　商铺出租地段最重要

地段是商铺的命根子，这是因为大多数商铺是相对于承租者来讲的，投资者很少会自己经营商铺，只把商铺租给承租者。如果地段不好，来租的人就少，甚至租不出去。

所以，投资商铺一定要看商铺周围商业气氛是否浓厚，最好的商铺是周围聚集着大量商铺的地方，如北京的西单、王府井，青岛的台东等。

另外，商业气氛好的商铺的马路对面也是商铺，而且马路没有隔离带，不是特别宽，不以交通为主。这样的商铺不但租金价格会一路上涨，而且会特别抢手，根本不用担心会租不出去。

13.5.3　商铺高回报需要高管理

也有一部分朋友投资了商铺，可是没有等来商铺的升值，反而因为过低的租金而无法实现利率回报，最后只好把商铺给卖了。

如果商铺缺乏定位，缺乏统一管理，散户自身调节不力，这样就会造成商铺投资风险过大，从而使商铺变成无法转卖或出租的鸡肋。只有从实际出发，从社区商铺所能承受的租金推算商铺的销售价格，然后跟实际销售价格相对比，这样才能够决定是否投资该商铺。

从租金方面，投资商铺是比较有优势的。投资高手通常把眼光放在商场里，因为商场的租金相对便宜，而且空置率相对较低。有的商场规模很大，整体内部装修也比较高档，那么商铺升值就会快。但需要注意是，要重视开发商的后期运营操控，后期管理是商铺是否能够连续出租的重要因素。

13.6　与房屋中介合作的技巧

在与房屋中介合作时，要多留几个心眼，因为一些不规范的中介公司不但会欺骗租房人，也会利用各种手段欺骗房主。

13.6.1　房屋租赁合同

房屋租赁合同，是指房屋出租人将房屋提供给承租人使用，承租人定期给付约定租金，并于合同终止时将房屋完好地归还出租人的协议。

房屋租赁合同内容主要包括房屋地址、居室间数、使用面积、房屋家具电器、层次布局、装饰设施、月租金额、租金缴纳日期和方法、租赁双方的权利义务、租约等。

承租人的权利是在承租期内占有、使用房屋；租期届满后，原承租人优先继租。承租人的义务是正当使用承租的房屋，按合同规定交付租金，在租期届满时将原房完好返还出租人。

出租人的权利是监督合理使用房屋，按合同收取租金，在租期届满后收回出租的房屋。其义务是将出租的房屋按合同规定交付承租人使用，并定期对房屋及设施进行检查、维修，保证承租人使用。

承租人和出租人还应当考虑在合同中设置在租赁期届满时，对承租人对所租赁房屋进行装修、装饰等添附物的处置安排，约定此类添附物承租人自行拆除，恢复原

貌，或是由出租人折价购买。

13.6.2　与中介合作时的注意事项

与中介合作时的注意事项，如图 13.5 所示。

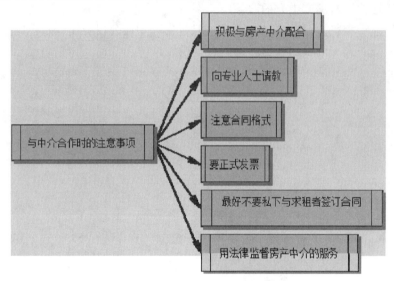

图 13.5　与中介合作时的注意事项

1)　积极与房产中介配合

在办理房屋委托之前，应该积极与房产中介配合，将自己认为最合理的租金价格告诉中介公司，并听取其意见。

2)　向专业人士请教

在签订出租协议之前，应谋求相关专业人士的帮助，如律师、房屋经营业内人士等。

3)　注意合同格式

一般情况下，不要使用中介公司的合同，最好自己拟出合同各条款，并明确各权利和义务。

在签订代理协议时，要逐条逐句进行推敲，不明白时要问清楚，对一些意思表达模糊、容易产生纠纷的要坚决说不。

如果需要补充一些条款，一定要落实在文字上，并加盖公章，做到有案可查，以免为日后的索赔以及个人经济利益带来不必要的麻烦和损失。

4)　要正式发票

在要发票时，应查看房产中介的公章是否清楚可辨，查看所盖的公章和财务章是否与该公司的名称相符。如不符，请不要签字并及时谢绝服务；如果没有问题，要妥

善保管好发票，如果合法权益受到侵害时，可以此作为证据向工商部门或消协部门进行投诉。

5) 最好不要私下与求租者签订合同

有些房主为了节省中介费，会想方设法与求租者私下签订合同，其实这种做法不太可取，在租房过程中，一旦发生纠纷，你的利益将无法得到保护。

6) 用法律监督房产中介的服务

学会用法律保护自己的合法权益。一旦发生和中介公司合作过程中自己利益受损的情况，应及时向工商部门或房管部门进行投诉。